Wie ist das, wenn man tot ist?

Marguerita Rudolph

Wie ist das, wenn man tot ist?

Mit Kindern über das Sterben reden

Aus dem Amerikanischen
übersetzt und bearbeitet
von Edith Harries

Otto Maier Verlag Ravensburg

CIP-Kurztitelaufnahme der Deutschen Bibliothek

Rudolph, Marguerita:
Wie ist das, wenn man tot ist? :
mit Kindern über d. Sterben reden / Marguerita Rudolph.
Aus d. Amerikan. übers. von Edith Harries.
[Fotos: Rupert Leser ; Roland Rasemann]. –
Ravensburg : Maier, 1979.
Einheitssacht.: Should the children know? <dt.>
ISBN 3-473-60433-X

Deutsche Erstausgabe
Die amerikanische Originalausgabe erschien unter dem Titel
„Should the Children Know? Encounters with Death in
the Lives of Children" by Schocken Books, New York.
© 1978 by Schocken Books Inc.
Alle Rechte der deutschsprachigen Ausgabe liegen beim
Otto Maier Verlag Ravensburg.
© 1979 by Otto Maier Verlag Ravensburg
Aus dem Amerikanischen übersetzt und bearbeitet von Edith Harries
Fotos: Rupert Leser (17), Roland Rasemann (1, Seite 86)
Umschlaggestaltung: Heiner Semmelroch
Satz: Biberacher Verlagsdruckerei GmbH & Co.
Gesamtherstellung: Druckerei Holzer, Weiler/Allgäu
Printed in Germany

3   2   1   81   80   79

ISBN 3-473-60433-X

In Erinnerung an meine Mutter,
Sofia Samoilovna Beliavskaya,
und an meinen Vater,
Khaim Yakovlevich Gurvich

Inhalt

Vorwort
zur deutschen Ausgabe

Das Sterben als natürlichen Vorgang zu begreifen, als Endpunkt des Lebens, das sich zwischen Geburt und Tod erfüllt, fällt den Menschen angesichts des Fortschritts in Wissenschaft und Technik schwer. Es ist zwar oft zu hören, daß wir, durch die Medien täglich informiert über Kriegsschauplätze, Katastrophen und Verkehrsunfälle in allen Teilen der Welt, gelernt hätten, mit dem Tod zu leben, doch müßte man wohl eher von einer fatalistischen Haltung sprechen. Aus verständlichen Gründen versuchen wir, uns der Wirkung dieser Meldungen, durch die wir uns erschreckt, erschüttert und in unserer Existenz bedroht sehen, zu entziehen.

Erst wenn wir persönlich betroffen sind, können wir einer Auseinandersetzung nicht länger aus dem Wege gehen. Zwar halten wir auch hier Distanz, soweit es möglich ist. Wir trennen uns von alten und kranken Angehörigen in dem beruhigenden Gefühl, mit der Einweisung in ein Krankenhaus oder Pflegeheim das Beste für sie getan zu haben; erst die Diskussionen über die Einrichtung von speziellen *Sterbekliniken* haben vielen zum Bewußtsein gebracht, wie schnell wir über der Bewunderung für die Leistungen der Medizin die menschlichen Bindungen vergessen. Dem Leid und dem Schmerz über den Verlust eines nahen Verwandten oder Freundes aber können wir uns nicht verschließen, und oft genug müssen in der Folge einschneidende Veränderungen im Familienleben vorgenommen und bewältigt werden. Es ist nur allzu verständlich, daß die meisten Erwachsenen den Kindern diese Belastungen ersparen und den Kummer von ihnen fernhalten möchten.

Daß dies nicht der richtige Weg ist, legt das Buch von Marguerita Rudolph in überzeugender Weise dar. Ebenso überzeugend sind die Alternativen, die es anbietet. Drei Gedanken stehen im Mittelpunkt der Betrachtungen:

Wir müssen die Fragen unserer Kinder wahrheitsgemäß und ihrem Reifegrad entsprechend beantworten.

Wichtige Dinge und Ereignisse aus der Erlebniswelt der Kinder aus dem Dialog mit ihnen nicht auszuklammern bedeutet, sich ihr Vertrauen zu erhalten und die wechselseitige Beziehung zu vertiefen. Unser Vorbild setzt Maßstäbe, aus denen das Kind seine ethische Werthaltung gewinnt, die sein weiteres Leben wesentlich mitbestimmt.

Um unserer Aufgabe gerecht zu werden, brauchen wir Informationen, die uns darüber Aufschluß geben, was Kinder der verschiedenen Altersstufen im Zusammenhang mit dem Tod zu erfassen vermögen. Ältere Untersuchungsergebnisse der Entwicklungspsychologie besagen etwa folgendes:[1]

„1-3 Jahre
Das Kind kann nur sehr wenig oder gar nichts mit dem Begriff des Todes anfangen.

4 Jahre
Sehr begrenzte Vorstellung vom Tod. Benutzt das Wort mit einer gewissen vagen Kenntnis seiner Bedeutung.
Kein besonderes Empfinden im Zusammenhang mit dem Tod.

5 Jahre
Die Vorstellung wird etwas detaillierter, richtiger und sachlicher. Gewisse Erkenntnisse der diesseitigen Endgültigkeit des Todes, obgleich das Kind vielleicht denkt, der Tod sei umkehrbar. ($5^1/2$ Jahre.) Erkennt, daß Tote sich nicht mehr bewegen.
Einstellung ganz sachlich und ohne besonderes Empfinden. Unter Umständen Auftreten bestimmter Handlungsweisen, die mit dem Tod in Zusammenhang stehen.
Scheint als Tatsache zu wissen (obgleich es sie augenscheinlich nicht versteht oder gefühlsmäßig empfindet), daß der Tod mit dem Alter zusammenhängt und die Ältesten meist zuerst sterben.

6 Jahre
Neues Gefühl für den Tod. Beginn von Gefühlsreaktionen. Macht sich Gedanken darüber, daß die Mutter sterben und von ihm gehen wird. Verbindet Töten, möglicherweise Krankheit und Krankenhäuser, aber auch hohes Alter mit dem Tod.

10

Vorstellung vom Tod als der Folge eines Angriffs oder einer Tötung. Gewisse Beschäftigung mit Gräbern, Beerdigungen, Begräbnis. Beeindruckt durch Bilder und Geschichten von toten oder sterbenden Kindern oder Tieren.
Nimmt nicht an, daß es selbst einmal sterben wird.

7 Jahre
Ähnlich wie mit sechs Jahren, aber detaillierter und realistischer; besseres Verständnis.
Sieht sich noch immer die Begleiterscheinungen des Todes an: Sarg, Begräbniszeremonien usw.
Ziemlich erkennbares Interesse für Todesursachen; hohes Alter, Gewalttaten, Krankheit.
Interesse, Kirchhöfe zu besuchen.
Hält den Tod noch immer für ein spezifisch menschliches Ereignis.
Weitere Verbindung hohen Alters mit dem Tod; die Ältesten sterben zuerst.
Klagt etwa: „Ich wollte, ich wäre tot."
Ahnt, daß es selbst sterben wird. Leugnet, daß es sterben wird.

8 Jahre
Von seinem Interesse für Gräber und Beerdigungen schreitet das Kind weiter zu der Frage, was nach dem Tod eintritt. Bringt im allgemeinen den Tod nur mit Menschen in Verbindung, obgleich es früher auch an andere Wesen dachte.
Fühlt, daß es den Begriff besser versteht.
Nimmt es als gegeben hin, daß alle Menschen, es selbst inbegriffen, sterben müssen.

9 Jahre
Stellt jetzt die Beziehung zu logischen und biologischen Tatsachen her: „nicht lebendig", „wenn du keinen Puls und keine Temperatur hast und nicht atmen kannst".
Sein Blick richtet sich jetzt direkt auf den Tod, nicht nur auf die Peripherie, d. h. Särge, Gräber.
Nimmt jetzt ganz realistisch hin, daß es eines Tages, wenn es älter ist, sterben wird. Bei den meisten Kindern dieses Alters stößt die Frage des Todes auf kein merkliches Interesse.

Unter Berücksichtigung auch des neuesten Wissens läßt sich sagen, daß Kinder im Normalfall vor dem vierten Lebensjahr den Tod eigentlich nicht wahrnehmen. Etwa im Alter von fünf Jahren verbindet ein Kind den Tod mit hohem Alter. Falls ein Kind dabei ist, wenn ein Mensch stirbt, so stellt es die äußerlichen Merkmale des Todes fest: Der Mensch kann sich nicht mehr bewegen, nicht mehr atmen, nicht mehr sprechen. Was mit diesem Menschen nach dem Tod ist, das entzieht sich dem kindlichen Vorstellungsvermögen. Die Psychologen sehen zwischen der äußerlich-nüchternen Betrachtung des Todes und der kindlichen Grausamkeit, z. B. gegenüber Tieren, Zusammenhänge. Todeswünsche, die Kinder gegenüber Rivalen, z. B. Geschwistern oder aber Mutter oder Vater äußern, sind ein „Weghabenwollen". Die Endgültigkeit sowie das Ausmaß des Todes sind Kindern dieser Altersstufen noch nicht erschlossen.

Während die Wahrnehmung des Todes etwa mit dem vierten Lebensjahr einsetzt, beginnt sich die Vorstellung vom Tod erst mit dem Schulalter zu entwickeln. Etwa in dieser Altersphase beginnt das Kind auch den Tod mit Affekt zu verbinden, d. h. es kann sich in diese Situation einfühlen. Tod wird nun auch mit Krankheit verbunden: Das Kind beginnt auch in einem tieferen Sinn die Wahrscheinlichkeit des eigenen Todes zu begreifen."[2]

Hierzu liefert das Buch eine Vielzahl prägnanter Beispiele und Hinweise. Das ist umso mehr zu begrüßen, als es inzwischen eine Fülle theoretischen Materials, aber nur wenig praxisorientierte Veröffentlichungen gibt. In den Vereinigten Staaten von Amerika ist dies anders. Dort gibt es sehr viele Bücher für Kinder, die sich mit dem *Tod* auseinandersetzen. M. Rudolph greift immer wieder auf solche Veröffentlichungen zurück, um ihre Meinung und ihre Ziele an praktischen Beispielen zu erläutern.

Diese Bücher gibt es bisher nicht in einer deutschen Ausgabe. Damit verlieren die Beschreibungen von Frau Rudolph aber nicht ihren Sinn für den deutschen Leser. Es sind Beispiele für kindliches Denken, Fühlen und Handeln, aber *keine* Anleitungen, wie man ein bestimmtes Buch Kindern nahebringen sollte. Mehr als durch theoretische Darlegung läßt sich die Auseinandersetzung der Kinder mit dem *Tod* an solchen Beispielen verdeutlichen. Der Leser wird wahrscheinlich immer wieder feststellen, daß er solche oder ähnliche Äußerungen und Verhaltensweisen schon verschiedentlich selbst bei Kindern erlebt hat.

Natürlich wäre es sehr hilfreich, wenn der Erwachsene auch *Kinderbücher* hätte, die er den Kindern geben und mit ihnen besprechen könnte. Wir haben deshalb die meisten der spärlich vorhandenen Kinderbücher im Literaturverzeichnis aufgeführt und kurz kommentiert. Allerdings sind diese Bücher fast ausschließlich für ältere Kinder geeignet.

Ein weiterer Vorzug liegt darin, daß das Buch religiöse Überzeugungen zwar einbezieht, aber völlig unabhängig davon allen Anschauungen Raum gewährt, unterschiedliche Lebenskreise berührt und viele Aspekte aufzeigt.

Zum Schluß noch einige Anmerkungen zu den *Fotos*.

Diese Bilder sollen den Erwachsenen ansprechen und ihm über den Text hinaus eine zusätzliche Möglichkeit bieten, sich selber mit dem Sterben auseinanderzusetzen und eine persönliche Einstellung dazu zu finden.

Einige Fotos verdeutlichen und ergänzen Textstellen. Andere Bilder zeigen sehr eindrucksvoll die fragende Haltung von Kindern, wenn diese direkt mit dem Tod konfrontiert werden. Was geht in diesen Kindern vor?

Eine dritte Gruppe von Fotografien stellt Aspekte des Themas dar, die im Text nicht behandelt oder nur kurz angesprochen werden. Es sind Situationen, in die jeder Erwachsene, der mit Kindern lebt oder arbeitet, kommen kann; Szenen oder Dinge, die Fragen der Kinder nach dem Sterben geradezu herausfordern. Wie soll der Erwachsene darauf reagieren?

Edith Harries

Vorwort
zur amerikanischen Ausgabe

„Warum schreiben Sie über ein so schreckliches Thema?" wurde ich gefragt, als ich mit diesem Buch begann. Kommentare von Freunden und Bekannten lauteten ähnlich. Während der letzten Monate seiner Entstehung jedoch war die vorherrschende Meinung eine andere: „Eine gute Idee! Wir wissen so *wenig* über ein so wichtiges Gebiet!"
Als Eltern und Erzieher, als Verwandte und Freunde sehen wir uns alle irgendwann mit dem Tod eines uns nahestehenden Menschen konfrontiert. Das ist nie einfach; es ist schwer, seiner eigenen Gefühle Herr zu werden; schwer, Mitleid und Anteilnahme in Worte zu fassen und besonders schwer, Kindern ein so tiefgreifendes Geschehen verständlich zu machen.
Kinder, besonders jüngere, reagieren intensiv auf die Menschen, die Dinge und die Vorgänge in ihrer Umgebung. Sie reagieren mit allen Sinnen, gemäß ihren Fähigkeiten und ihrer Entwicklungsstufe und in Übereinstimmung mit den Freiheiten, die wir ihnen gewähren und den Grenzen, die wir ihnen setzen. Was sie erleben und aufnehmen, welche Gedanken und Gefühle erzeugt werden, welchen Gewinn sie daraus ziehen, das alles ist für die Erwachsenen, die mit ihnen zu tun haben, von großem Interesse. Was geschieht, wenn sie dem Phänomen Tod begegnen, hat mich besonders beschäftigt.
Der Stoff für dieses Buch entstammt meiner Arbeit mit Kindern und Eltern, Studien und Büchern und meinem Status als Mutter und Großmutter. Eine zusätzliche Quelle war eine eigene Kindheitserfahrung.
Alle angeführten Beispiele entsprechen wirklichen Vorkommnissen, einschließlich derer aus früheren Veröffentlichungen; sie sind Aufzeichnungen entnommen und für literarische Zwecke bearbeitet.

1.

„Sagen Sie ihnen, Rahel sei umgezogen"

Gespräch mit Eltern im Kindergarten

Eltern von kleinen Kindern, die einen Spielkreis, einen Kindergarten oder eine Vorschulklasse besuchen, sind oft überrascht, wie eng der Erzieher mit den Kindern verbunden ist, wie vertraut mit ihrem körperlichen Wohlbefinden, ihrem Reifegrad, aber auch mit ihrem Gefühlsleben und ihren Eigenarten. Solche Verbundenheit unterstützt den Erziehungsprozeß; sie ist ein Zeichen für das Engagement des Erwachsenen und den Kontakt zu seinen Schützlingen. Dazu gehört notwendigerweise auch eine ständige, planvolle Zusammenarbeit mit den Eltern.

Wenn die Gruppe etwas Besonderes unternehmen will, eine wichtige Veranstaltung stattfindet oder unvorhergesehene Schwierigkeiten auftauchen, so sind Erzieher und Kinder gleichermaßen betroffen, und der Erzieher wird sich bemühen, das gemeinsame Anliegen den Eltern vorzutragen und Verständnis dafür zu finden.

Ich folgte einer Eingebung – allerdings erst, nachdem ich meinen Entschluß noch einmal reiflich überdacht hatte –, als ich alle zwanzig Elternpaare meiner Kindergartengruppe zu einer dringenden Besprechung zusammenrief, alle außer einem, den Eltern der viereinhalbjährigen Rahel. Rahel war an jenem Tag zu Hause gestorben.

Als dies im Frühjahr geschah, kannte ich die Kinder genau und hatte zu jedem eine Beziehung entwickeln können. Natürlich war Rahels Tod ein schwerer Schlag, ihr Verlust mit Worten nicht auszudrücken. Gleichzeitig aber wußte ich, daß die Kinder Rahels Abwesenheit bemerken würden und den Grund ahnten, auch wenn ich schwieg. Erfuhren sie aber die Wahrheit, würde die Nachricht nicht Trauer, Angst, Verwirrung auslösen und ein Trauma oder späteres auffälliges Verhalten die Folge sein?

Ich fühlte mich für die Kinder verantwortlich. Was aber sollte ich ihnen sagen, und wie? Daß Bücher oder Fachleute mir die einzig richtige

Antwort geben könnten, glaubte ich nicht. Ich mußte zunächst *selber* eine Antwort finden. Für mich war dies eine wichtige Erfahrung, aus der ich viel lernte. Es war nötig, daß ich als Erzieher von den Eltern erfuhr, wie sie die Nachricht von Rahels Tod ihrem Kind zu übermitteln beabsichtigten. Ich wollte wissen, wie sie darüber dachten und was sie für die einem Fünfjährigen angemessene Form hielten. Ich hatte aber auch den Wunsch, mit ihnen ein Gespräch zu führen über meine Vorstellungen, wie ich das Ereignis mit den Kindern erörtern würde.

Erwartungsgemäß waren alle Eltern der Einladung gefolgt und am Abend vollzählig in dem Raum versammelt, den sonst die Kinder mit Leben erfüllten. Welch ein Unterschied des Anspruchs! Ich konnte nur hoffen, daß sie sich nicht scheuen würden, mich ihre Reaktionen auf das tragische Geschehen wissen zu lassen und ihre Gedanken zu den anstehenden Fragen freimütig zu äußern.

Nachdem ich ihnen die Todesursache genannt hatte[3], wollten einige Eltern gern hören, was ich als Erzieher zu sagen hätte. Ich sah, daß eine Diskussion über ein so emotionales Thema ohne meine Hilfe kaum in Gang kommen würde, hielt aber mit meiner Meinung noch zurück. Vielmehr erklärte ich, daß die Eltern-Kind-Beziehung an erster Stelle stehe, und wies auf die Bedeutung der zu Hause empfangenen Eindrücke hin. Weiter legte ich dar, daß die Auffassung des Erziehers nicht die einzig mögliche sei und vielleicht nicht alle Aspekte berücksichtige. Ich sei daher auf ihre Beiträge angewiesen, um diese traurige und ernste Angelegenheit an die Kinder heranzubringen. Ich müsse wissen, welche Ansicht die Eltern verträten und wie sie zu diesem Thema stünden, bevor ich meine besonderen Kenntnisse zur Verfügung stelle und wir zu einem gegenseitigen Verstehen gelangen könnten.

Es war deutlich zu spüren, daß die Eltern vor allem das Gefühl hatten, ihre Kinder beschützen und sie vor dem Wissen um den Tod bewahren zu müssen.

Eine Mutter eröffnete das Gespräch mit den Worten: „Sagen Sie ihnen doch, Rahel sei umgezogen." Und obgleich niemand widersprach, versuchte sie, ihren Vorschlag zu rechtfertigen: „Es geschieht doch sehr häufig, daß Leute ihren Wohnort wechseln." Keiner stellte das in Frage, zumal es ihrem Wunsch entgegenkam, den Kindern diese grausame Erfahrung zu einem so frühen Zeitpunkt zu ersparen. Sie begannen nach weiteren glaubwürdigen Erklärungen zu suchen. „Ich denke", sagte jemand, „es würde den Kindern einleuchten, wenn Sie sagten, Rahel sei verreist; sie besuche Verwandte in einer anderen Stadt. Eine

Reise ist etwas sehr Besonderes für ein Kind – für unseren Peter auf alle Fälle." „Aber würden die Kinder nicht fragen, wann sie zurückkommt?" wandte eine Mutter ein. „Man könnte sagen: ‚Wenn ihr nicht mehr in den Kindergarten geht'. Bis dahin werden sie's vergessen haben; jedenfalls die meisten." Es gab keinen Widerspruch, doch überzeugte der Vorschlag offensichtlich weder die Zuhörer noch die Sprecher selber. Einig war man sich lediglich darin, daß nicht vom Tode die Rede sein solle.

Obwohl ich selber ganz sicher war, daß das Verheimlichen so wesentlicher Vorgänge weder klug noch praktisch durchführbar sei, zögerte ich, dies jetzt vorzubringen und den Eltern die tröstliche Vorstellung zu nehmen, man könne Ausflüchte machen. So schob ich den Zeitpunkt dieser schmerzlichen Eröffnung hinaus und wartete auf neue Beiträge. „Ich habe eine Frage, Frau R.", sagte ein Vater. „Sind Vier- oder Fünfjährige imstande, den Tod zu begreifen?"

„Nein, Herr N., nicht in dem Sinne, wie sie etwas verstehen, das sie selbst gesehen oder erlebt haben, aber . . ."

„Na, dann", beeilte Herr N. sich, seinen Gedanken zu Ende vorzutragen, „warum sollten wir sie mit etwas belasten, was ihr Fassungsvermögen übersteigt? Dann sagt man ihnen doch wirklich am besten, Rahel sei umgezogen oder irgendwo hingefahren."

Nicht nur Herr N. selbst, sondern viele andere waren von dieser Logik sehr befriedigt; einige waren sichtlich erleichtert, daß das schwierige Problem offenbar gelöst war. Jetzt war die Reihe an mir; ich mußte zu einem Entschluß kommen.

„Was Sie ihnen sagen würden, ist also, Rahel sei nicht länger bei uns, weil sie aus freien Stücken irgendwo anders hingegangen sei. Auf diese Weise wollen Sie ihnen die Wahrheit ersparen?"

„Ja."

„Aber Sie wären sich gleichzeitig der Tatsache bewußt, daß Sie etwas von den Kindern fernhalten; ich meine, *ich* wäre mir bewußt, ihnen etwas Wichtiges zu verheimlichen, und wäre selber traurig."

Viele Eltern sahen mich verständnisvoll an, vielleicht ein Zeichen dafür, daß sie zu einer ähnlichen Erkenntnis gelangt waren. Sie hörten nachdenklich zu, als ich fortfuhr: „Ich habe die Erfahrung gemacht, daß Kinder gewöhnlich spüren, wenn man ihnen etwas Wichtiges vorenthält, einerlei, ob es etwas ist, das sie verstehen oder nicht, und daß sie auch ein feines Empfinden für die Gefühlslage der Erwachsenen haben."

17

„Selbst so junge Kinder?"

„Ja, wenn das Geschehen von Bedeutung ist, so wie Rahels Tod mich betrifft, weil sie in meiner Gruppe war und ich mich um sie gekümmert habe, und die Kinder, weil sie ihre Spielkameradin war und sie sie kannten."

„Aber wenn Sie schweigen und die Kinder nicht wissen, was ihnen vorenthalten wird, werden sie dann die Sache nicht nach einiger Zeit vergessen haben?" warf eine Mutter ein. „Einige vielleicht. Aber andere würden nicht aufhören, über die verheimlichten Tatsachen nachzugrübeln und sich leidenschaftlich mit der Frage zu beschäftigen, was denn geschehen sein könnte, das zu furchtbar sei, um ausgesprochen zu werden. Einige Kinder entwickeln komplizierte Ängste und Vorstellungen, die oft erst nach langer Zeit schwinden. Zu ihrer Überwindung ist eine sorgfältige Beobachtung, manchmal eine besondere Behandlung notwendig."

Eine Anzahl von Eltern war sich darüber einig, daß Kinder verborgenen Kummer spüren, aber noch immer wollten sie lieber dem Problem ausweichen als ihm ins Auge sehen. „Wenn es doch während der Sommerferien passiert wäre, dann hätten wir jetzt nicht diese . . ."

„Was nützt das ‚Wenn'", entgegnete jemand. „Es ist *jetzt* geschehen, und wir müssen es den Kindern sagen." Dem stimmten die meisten zu, und ich wollte gerade anfangen, den Eltern einen vorläufigen Plan für mein Gespräch mit der Gruppe darzulegen und zur Diskussion zu stellen, als in der hintersten Reihe ein Arm entschlossen in die Höhe ging und eine feste Stimme die Aufmerksamkeit aller Anwesenden auf sich lenkte. Sie gehörte einem Geistlichen, Vater eines der Kinder. Einige von uns überkam ein plötzliches Schuldgefühl, weil wir die Religion bisher völlig außer acht gelassen hatten. Der Geistliche, Herr A., sprach direkt zur Frage des Glaubens:

„Sie werden mir beipflichten, daß ein kleines Kind sehr eindrucksfähig und aufnahmebereit ist. Aufnahmebereit für das, was es von uns, den Eltern und Erziehern, erfährt", sagte Herr A. mit großem Ernst. „Und es ist unsere Pflicht, bei einem Ereignis von solcher Tragweite dem Kind unsern religiösen Glauben anzubieten. Dies ist eine Gelegenheit, unsern Kindern zu sagen, daß das, was geschehen ist, Gottes Wille war. Daß Gott den Lauf aller Dinge bestimmt und daß Rahel nun im Himmel ist, in Seinen Händen."

Mit seinen Ausführungen setzte er voraus, daß Kinder den Himmel als Ort, an dem die Menschen sich befinden, wenn sie nicht mehr auf der

Erde wohnen, als gegeben hinnehmen und daß sie dann keine Angst zu haben, sich keine Gedanken zu machen brauchen, weder über den Himmel noch über den Tod. Der Himmel ist sicher etwas Wunderbares. Wie könnte etwas noch schöner sein als „himmlisch"? Daher erschien die Darlegung von Herrn A. verheißungsvoll, sein Rat einfach. Viele Gesichter hellten sich auf; es gab auch entsprechende Wortmeldungen.

Ich konnte ihm meine Anerkennung nicht versagen und hielt es für erforderlich, auf seine Ausführungen einzugehen:

„Grundsätzlich stimme ich Ihnen zu. Doch kann Religion den Kindern am besten im Elternhaus vermittelt werden. Wenn Sie als Familie einer bestimmten Glaubensrichtung angehören und Ihr Leben danach ausrichten, teilen sich Ihre Überzeugungen Ihren Kindern mit durch das Beispiel, das Sie geben, und Sie beantworten ihre Fragen Ihrem Glauben entsprechend. Die Religion mit ihren überlieferten Auslegungen und Erklärungen ist so ein Teil Ihres Familienlebens, und Sie erfahren Trost durch Ihren unanfechtbaren Glauben. Die Familien dieser Kinder hier gehören jedoch verschiedenen Religionen an, oder auch gar keiner. Daher könnte ich keine bestimmte Lehre zugrundelegen oder ihnen irgendeinen durch den Glauben vorgegebenen Weg weisen. Meine Erklärungen werden in jedem Fall anderer, nicht religiöser Natur sein."

„Aber was sagen Sie einem Kind, das Sie im Kindergarten nach dem Himmel fragt?"

„Ich kann sagen: ‚Deine Mutter oder dein Vater oder sonst jemand bei dir zu Hause können dir darüber besser Auskunft geben. Ich kann dir über andere Dinge etwas erzählen.' Niemals würde ich den Glauben eines Kindes an den Himmel in Frage stellen. In der Tat kamen wir letztes Jahr in meiner Gruppe darauf zu sprechen. Einer der Jungen bestand darauf, unsere Schildkröte auf den Boden zu setzen und daraufzutreten. Ich rettete sie natürlich und fragte ihn, warum er ihr wehtun wolle. Seine Antwort war einfach. „Ich möchte, daß die Schildkröte stirbt, damit ich sehen kann, wie sie in den Himmel kommt."

Die Eltern waren von der kleinen Geschichte beeindruckt und auch erheitert, und die Spannung im Raum ließ etwas nach. „Aber so etwas kommt selten vor, Frau R.", bemerkte der Geistliche.

„Das ist richtig. Aber das übertriebene Verhalten zeigt, wie jüngere Kinder Gehörtes wörtlich nehmen. Er meint, man kommt in den Himmel wie man in die Schule kommt, und nun möchte er das beobachten."

„Und was haben Sie ihm über den Himmel erzählt?"

„Ich mußte mich an die konkrete Situation halten und bei der Wahrheit bleiben, der Kinder wegen, die sich um die Schildkröte versammelt hatten; des Tieres wegen, das fast geopfert worden wäre, und um des kleinen Jungen willen. Für mich war es kein religiöses Problem. Ich sagte: ‚Ich lasse es nicht zu, daß du der Schildkröte wehtust.' Und da ich nur etwas äußern wollte, was sie auch verstehen konnten, fuhr ich fort: ‚Ihr könnt sehen, was die Schildkröte tun kann: laufen, schwimmen, essen. Aber wenn man sie verletzt und sie stirbt, dann kann sie gar nichts mehr tun.' Und als Frank immer noch den Himmel sehen wollte, erklärte ich sachlich – es war durchaus ernst gemeint –: ‚In diesem Zimmer gibt es keinen Himmel.'"

Der Bericht war für die Eltern interessant gewesen, aber sie glaubten nicht, daß Ähnliches zu Hause vorkäme. Weitere Fragen tauchten auf.

„Mir scheint, Sie haben ein neues Problem angeschnitten: Wem sollen die Kinder glauben, wenn sie zu Hause das eine und in der Schule oder im Kindergarten etwas anderes hören?"

„Ich verstehe, was Sie meinen. Für eine kurze Zeit mag das wohl etwas verwirrend sein. Aber Kinder lernen sehr schnell, Schule und Elternhaus auseinanderzuhalten. Ihr Wissen bereichern sie hier wie dort, und unterschiedliche Informationen müssen nicht schädlich sein."

Dann kam ich auf das eigentliche Thema zurück und fragte die Eltern, ob sie etwas einzuwenden hätten gegen meine Absicht, den Kindern Rahels Tod mitzuteilen, ohne unmittelbar einen Bezug zu Gott oder dem Himmel herzustellen, wohl aber das religiöse Bekenntnis eines jeden zu akzeptieren, wenn es vorgebracht würde. Ich sprach ferner von meiner eigenen Traurigkeit und dem Wunsch, sie mit den Kindern zu teilen, statt Gleichmut vorzutäuschen. Es erhob sich kein Widerspruch, obwohl einige nicht völlig mit mir übereinstimmten. Aber alle wollten gern einen Bericht haben, wie die Gruppe die Nachricht aufgenommen hätte, welche Fragen die Kinder stellten und welche Kommentare sie abgäben. Dafür versprachen die Eltern, mich über die Reaktionen der Kinder zu Hause in Kenntnis zu setzen.

Wie ich gehofft hatte, war es also bei der Zusammenkunft zu einer wirklichen Aussprache gekommen. Ich hatte die Eltern nicht nur informiert, sondern ihnen sagen können, was mich bewegte. Aber auch die Eltern hatten gesprochen, ihre Befürchtungen und Einwände vorgetragen, ihre Meinungen ausgetauscht und sich schließlich, wenn auch zögernd, bereit gefunden, dem Problem nicht auszuweichen.

„Wie ist das, wenn man tot ist?"

Obwohl ich ihnen auf das, was sie beschäftigte, keine definitiven Antworten hatte geben können und keine Lösungen bereithielt, hatten sie den Mut gehabt, weiterzufragen; sie waren gewillt, sich einem neuen Anspruch zu stellen.

Wie ich den Kindern das Thema nahebringen wollte, wußte ich noch nicht, aber durch die ehrliche Diskussion hatte ich Erkenntnisse und eine innere Sicherheit gewonnen, die mir helfen würden, ihnen die erste Begegnung mit dem Tod in der richtigen Weise zu vermitteln.

2.
„Was ist mit Rahel passiert?"

Tod in der Kindergruppe

Schon immer habe ich die Kinder gern teilnehmen lassen an kleinen Verwaltungsarbeiten, wie z. B. dem Führen der Fehlliste. Kinder interessieren sich meistens sehr für diesen besonderen Bogen, der ihre Namen enthält und auf dem ihre Anwesenheit verzeichnet wird. Sie freuen sich, wenn sie aufgerufen werden, und es gibt immer einige, die dem Erzieher gleich berichten, wer nicht da ist. Ich erwartete also, daß Rahels Name fallen würde oder daß jemand sich nach ihr erkundigte. Aber nichts dergleichen geschah.

Als ich fragte: „Wer fehlt denn heute?" wurden mehrere Namen genannt, Rahels war nicht darunter. Wurde er nur vergessen? Oder wurde er absichtlich weggelassen? – Das gleiche merkwürdige Schweigen in bezug auf Rahel am zweiten und dritten Tag. Warum? Ich spürte, daß die Kinder ahnten, etwas Schreckliches oder Unheimliches sei geschehen, und daß sie der Konfrontation damit aus dem Wege gehen wollten.

Darauf beschloß ich, die Initiative zu ergreifen und die Kinder zu einer direkten Äußerung zu veranlassen. Ich war sicher, daß es sie erleichtern würde, sich auszusprechen, und für mich war es wichtig, mich in Übereinstimmung mit ihnen zu wissen und das, was ich mir vorgenommen hatte, in die Tat umzusetzen.

Als ich am nächsten Tag die Namensliste bereitlegte, kamen verschiedene Kinder zu mir an den Tisch, um an dem vertrauten Vorgang teilzuhaben. Ein Kind fragte beiläufig: „Und wer fehlt heute?" „Vielleicht könnt ihr es mir sagen", schlug ich vor. Ich erhielt die gewünschte Auskunft; Rahel aber wurde auch heute nicht erwähnt.

Ich holte tief Luft, um dann nachdrücklich festzustellen: „Ihr habt ein Kind ausgelassen, das auch nicht da ist", und weil nicht gleich eine Erwiderung kam, fügte ich noch hinzu: „Ein Mädchen."

Einige Kinder blickten auf; sie unterbrachen ihre Tätigkeit, und eines von ihnen sagte, mich ansehend, leise: „Rahel fehlt."

„Ja", stimmte ich zu und versuchte die Fassung zu bewahren, „Rahel ist nicht hier, weil ihr etwas sehr Trauriges und Ungewöhnliches zugestoßen ist." Ich wartete.

Verwirrt, und noch leiser als vorher, fragte dasselbe Kind: „Was ist mit Rahel passiert?"

Meine Antwort war kurz und schmerzhaft deutlich: „Rahel ist am Montag gestorben."

Irgendwie hörten es alle, obwohl die Kinder über den ganzen Raum verteilt waren; zumindest spürte jeder, daß das, was ich gerade gesagt hatte, von besonderer Bedeutung war. Dies zeigte sich in ihren Reaktionen, wenn die meisten auch zunächst mit dem fortfuhren, was sie gerade taten: malen, zeichnen, bauen, spielen. Eine Zeitlang herrschte eine ziemlich gedämpfte Stimmung. Einige schienen nachdenklich, andere angespannt. Wieder wartete ich, und bald kamen Fragen, wohlüberlegte Fragen, die von tiefer Betroffenheit wie auch von gesundem Realismus zeugten.

Die erste und naheliegende bezog sich auf die Ursache. „Warum ist Rahel gestorben?" Auf den ersten Blick schien sie einfach, da man sie sachlich beantworten konnte: „Eine seltene Krankheit war der Grund, daß sie aufhörte zu atmen." Aber die Kinder waren nicht zufrieden. Sie wiederholten die Frage viele Male und lieferten Beiträge aus ihrer eigenen Erfahrung.

„Meine Schildkröte ist gestorben, weil wir sie nicht gefüttert haben."

„Wir hatten einen kleinen Hund, der hat Gift gefressen und ist dann auch gestorben."

„Ja, solche Dinge passieren", stimmte ich zu. Die Kinder dachten weiter nach, über Rahel und mögliche Todesursachen, die ihnen – unter anderem durch das Fernsehen – bekannt waren.

„Vielleicht hat jemand sie erschossen", meinte eines, darauf ein anderes: „Aber niemand würde ein kleines Mädchen erschießen!"

Diese Äußerungen waren für mich sehr interessant. Offensichtlich hielten sich die Kinder bei der Erforschung von Todesursachen an solche, die ihnen verständlich waren. Bald wandten sie sich einem Thema zu, mit dem sie sich besser auskannten: Was alles für Kinder gefährlich ist (und womöglich zum Tode führt), so das Verschlucken von Gegenständen. „Ich habe ein Geldstück verschluckt und bin nicht gestorben!"

Dann kam etwas Lustiges: „Meine Schwester hatte einen Knopf verschluckt, und wißt ihr was?" Zur Freude der Zuhörer schilderte das Mädchen nun das Wiederauftauchen des Knopfes in der Toilette.

Angeregt durch diese Geschichte, die ich nicht unterbrochen hatte, wußten nun andere von diversen, höchst ungewöhnlichen Dingen zu berichten, die sie oder ein anderes Mitglied der Familie hinuntergeschluckt hatten, ohne irgendwelchen Schaden davonzutragen. Ja, derlei Erzählungen waren beruhigend und gaben einem das Gefühl der Sicherheit zurück.

Die meisten Kinder hatten kleinere Geschwister zu Hause, und die nächsten Beispiele handelten von Babies.

„Meine kleine Schwester war krank; jetzt ist sie aber wieder ganz gesund."

„Mein kleiner Bruder hat jetzt fünf Zähne."

Es folgten noch viele Bemerkungen dieser Art. Ich wußte, nicht alle entsprachen den Tatsachen, aber so lange die Kinder etwas vorbrachten, was ihnen wichtig war, ließ ich sie gewähren. Wie die vorigen, boten offenbar auch diese Berichte den Erzählern wie den Zuhörern Trost und Rückhalt.

Eine Weile herrschte Stille, während die Kinder weiterarbeiteten, doch der Raum schien angefüllt mit ihren Gedanken. Ich erledigte einige Kleinigkeiten. Daß die nächste Frage nicht lange auf sich warten ließ, überraschte mich nicht. Sie war die schwierigste von allen.

„Kommt Rahel wieder?"

Ich dachte an die Eltern, und ich wünschte, ich hätte ja sagen und alle glücklich machen können. Aber diesen Wunsch mußte ich unterdrükken. Das kleine Mädchen wollte die Wahrheit wissen, und ich mußte sie ihr sagen, auch wenn sie es noch nicht erfassen konnte. Und obgleich es schwer war, einem Kind etwas von so großer Tragweite mitzuteilen, mußte ich es versuchen.

Meine Antwort mußte eindeutig sein; ich sagte also: „Nein, sie kann nicht zurückkommen." Ich zwang mich, es dabei bewenden zu lassen, nichts hinzuzufügen, was sie verständlicher und erträglicher gemacht hätte, und war gespannt, welche Wirkung sie auf das kleine Mädchen und die übrigen Kinder haben würde.

Vom andern Ende des Raumes kam die erste Entgegnung. „Aber mein Bruder war auch gestorben, und *er* ist wieder lebendig geworden. Ja, das stimmt!" Dieses Kind wies die Aussage des Erwachsenen schroff zurück; es wehrte sich dagegen mit der Feststellung, daß man sehr wohl ins Leben zurückkehre. Das war der Tatbestand, an den es sich halten konnte, und nicht das, was die Erzieherin sagte.

Keinem war dies entgangen, und alle schienen zu verstehen, wie ihm zumute war. Sie widersprachen nicht und stellten auch keine Fragen. Auch ich verhielt mich still. Das Wissen um den Tod kann unerträglich sein, und um sich zu schützen, wird man es unter Umständen sogar verleugnen. Ich machte nun die Erfahrung, daß Kinder diesem Gefühl in einzigartiger Weise Ausdruck zu verleihen vermögen. Ein Mädchen, das bisher nur zugehört und keinerlei Kommentar abgegeben hatte, sagte jetzt fast heftig: „Meine Mutter möchte nicht, daß ich sterbe." Eine Variante, den Tod zurückzuweisen, diesmal mit Hilfe der Mutter. Die andern Kinder befanden sich offensichtlich im Einklang mit der Sprecherin. Viele wandten den Kopf in ihre Richtung, als habe sie für sie alle gesprochen, und zwar so unmißverständlich, daß dem nichts hinzuzufügen war. Nur ich fühlte mich verpflichtet, die Aussage zu bekräftigen: „Natürlich möchte deine Mutter nicht, daß du stirbst." Danach erhielt das Gespräch eine neue Wendung durch die Frage eines Jungen: „Hat Rahels Mutter geweint, als Rahel starb?" Auch dies interessierte eine Reihe von Kindern sehr. Sie hörten gespannt zu, als ich die Frage bejahte und kurz von dem Kummer und den Tränen erzählte, die Rahels Tod in der Familie ausgelöst hatte. Ich erklärte, daß auch Erwachsene weinen, wenn etwas Trauriges geschieht, dann aber darüber hinwegkommen. Daß es für mich schmerzlich war, Rahels Mutter zu erwähnen, schienen die Kinder nicht zu empfinden.

Die Stimmung änderte sich, als sie sich nun greifbaren Tatsachen zuwandten. Derselbe Junge, der nach Rahels Mutter gefragt hatte, berichtete aus seiner Erfahrung:

„Als mein Großvater gestorben war, hat meine Omi sich einen anderen Mann genommen."

Andere Kinder setzten das Gespräch in ähnlicher Weise fort: „Meine Großmutter ist schon im Krankenhaus." Es gab keinen Zweifel darüber, was das Kind damit ausdrücken wollte, wenngleich ein anderes es für einen Moment verwirrt ansah. Ich fand es überflüssig, etwas zur Klärung beizutragen.

Die Kinder hatten so reagiert, wie ich erwartet hatte. Sie versuchten, den Tod für ihre eigene Person abzuwehren, zeigten Einfühlungsvermögen und Anteilnahme für das Leid der Angehörigen und stellten realistische Betrachtungen an über den Fortgang des Lebens für die Hinterbliebenen. Es herrschte eine Atmosphäre, die den freien Gedankenaustausch der Kinder untereinander förderte. Mehr zu tun, hielt ich im Augen-

Auch Kinder empfinden tief

blick nicht für ratsam. Meine Aufgabe war jetzt der weitere Kontakt mit den Eltern.

Später an diesem Vormittag, als das Gespräch über Rahel längst beendet war und die Kinder ganz mit dem Abschluß verschiedener Arbeiten oder dem Aufräumen beschäftigt schienen, kam eine Mutter herein.[4] Zu meiner Überraschung und zu ihrem Schrecken stürzten die Kinder fast geschlossen auf sie zu mit dem Ausruf: „Rahel ist gestorben!" und sie wiederholten den Satz im Chor viele Male.

Die Mutter hätte fast geweint angesichts dieser ungezügelten, lautstarken und in ihren Augen rohen Äußerung. Ich mußte die Kinder mit Nachdruck zur Ruhe bringen und ihnen klarmachen, daß diese Art, von Rahel zu erzählen, nicht die richtige sei und Carols Mutter verletze.

Dennoch war ich der Meinung (die sie und später andere Eltern teilten), daß dieser Ausbruch im Grunde ein Beweis für die innere Bewegung der Kinder war. Die angestaute Spannung machte sich Luft, indem sie

27

den ersten, der ihnen begegnete, mit der Nachricht überfielen, wobei man von kleinen Kindern natürlich nicht erwarten kann, daß sie sich beherrschen und die passenden Worte finden.

Den Kindern war es sehr wichtig, daß auch ihre Eltern von dem Ereignis Kenntnis hatten. „Weiß meine Mami, daß Rahel tot ist?", war die erste Frage eines kleinen Mädchens, nachdem Carols Mutter gegangen war. „Ja." Nun wollten auch die andern Kinder sichergehen: „Haben Sie es *meiner* Mutti auch gesagt?" „Und *meiner*?"

Ich erzählte von der Elternversammlung.

Wie ich später erfuhr, platzten viele Kinder gleich beim Nachhausekommen mit der Neuigkeit heraus. Andere ließen ein paar Tage verstreichen. Vielleicht brauchten sie Zeit, um das Gehörte in sich aufzunehmen und darüber nachzudenken. Ein kleiner Junge, der immer sehr still war, schwieg drei Wochen lang, dann plötzlich, während des Mittagessens, bei dem auch Gäste anwesend waren, überwältigte ihn der Wunsch, sich die Sache vom Herzen zu reden. Er beugte sich zu seiner Mutter und flüsterte ihr etwas zu, worauf sie zurückflüsterte und sich dann bei den übrigen entschuldigte.

Daß Kinder ein einschneidendes Erlebnis zunächst für sich behalten, kommt häufiger vor. Nicht daß es ihnen gleichgültig wäre oder daß sie es vergäßen, sie brauchen nur eine gewisse Zeit, um es zu verarbeiten.

In der Gruppe kam das Thema während der folgenden Wochen gelegentlich immer wieder zur Sprache. Statt die Informationen aus ihrem Gedächtnis zu verlieren oder zu verdrängen, schienen die einzelnen Kinder sie zu speichern, um sich ihrer von Zeit zu Zeit zu entledigen.

„Meine Mutter hat mir vom Tod erzählt. Wenn einer stirbt, bringen sie ihn weg zu einem andern Ort."

Ich bestätigte das. „Ja, es gibt dafür einen bestimmten Platz, den man Friedhof nennt." Einige gaben an, schon auf einem Friedhof gewesen zu sein. Damit war dieser Punkt fürs erste abgetan.

Ein anderer Aspekt aber fesselte die Aufmerksamkeit der Kinder und weckte großes Interesse; er bezog sich auf das, was dem Tod folgt. So sehr ich mich in die Kinder hineinzuversetzen vermochte, war ich doch überrascht von der Intensität ihrer Gefühle. Ein paar Tage nach dem ersten Gespräch, als ich die Anwesenheitsliste zur Hand nahm, fragte ein Kind: „Sollen wir Rahels Namen ausstreichen?" Ich antwortete ihm nicht direkt, sondern wandte mich an die Umstehenden. „Was meint ihr, sollten wir ihn ausstreichen oder stehen lassen?" Und wie schon öfter drückte ein Kind aus, was viele empfanden: „Streichen Sie den

Namen nicht aus. Wir können ihn als Erinnerung behalten." So blieb er stehen. Die Verwaltung verzichtete darauf, den freigewordenen Platz für den Rest des Halbjahres neu zu besetzen, was normalerweise geschieht, wenn ein Kind abgemeldet wird.

Spätestens zu diesem Zeitpunkt war ich endgültig überzeugt, daß es richtig gewesen war, Rahels Tod nicht zu verschweigen, sondern sich damit auseinanderzusetzen. Wir hatten alle viel daraus gelernt. Auch daß ich den Kindern nur so viel gesagt hatte, als sie wissen wollten, war richtig. Sie hatten ungezwungen alles äußern können, was sie bewegte und was sie empfanden; und die Eltern machten die Erfahrung, daß es für beide Seiten eine Hilfe ist, in einfacher, verständnisvoller Weise mit den Kindern über den Tod zu sprechen, wenn es sich ergibt, und daß sie die Wahrheit ertragen können.

3.
„Steht die Welt dann still?"

Gedanken von Kindern zum Tod

Erzieher im Kindergarten sind in der glücklichen Lage, spontane Gespräche von Kindern verfolgen zu können, die Einblick gewähren in deren Denken und Bemühen, die Welt zu verstehen, wozu auch der Tod gehört.

Evelyn Beyer[5] berichtet darüber in einem Artikel, in welchem sie einige dieser Unterhaltungen zwischen Vier- und Fünfjährigen wiedergibt:

Robert:
„Weißt du was, Brian? Ich will nicht in den Krieg und totgemacht werden."

Brian:
„Die Ärzte und Schwestern würden schon aufpassen, daß dir nichts geschieht."

Robert:
„Wenn man tot ist, kann man nicht mehr atmen."

Brian:
„Wie das wohl wäre, wenn man tot ist und jemand tritt auf einen drauf?"
(Gekicher)

Robert:
„Das merktest du dann ja nicht."

Brian:
„Doch. Ich könnte es ja noch fühlen."

Robert:
„Könntest du nicht. Dann fühlst du nichts mehr."
(zum Erzieher:) „Wie ist das, wenn man tot ist?"

Erzieher:
„Man hört auf zu atmen und zu leben."

Brian:
„Steht die Welt dann still?"

Erzieher:
„Nein, in der Welt geht alles weiter."

Robert:
„Aber im Himmel wird man wieder lebendig."

Erzieher:
„Woher weißt du das?"

Robert:
„Das steht in der Bibel. Für immer. Ich habe eine Bibel, und daher weiß ich es."

Wie eifrig ist das Bestreben, die konkreten Merkmale des Todes (nicht mehr atmen, nichts fühlen) zu erfassen; wie stark ist der Wunsch, sich selber zu schützen („Ich will nicht in den Krieg"); wie groß ist das Verlangen, nach dem Tode weiterzuleben („für immer")!

Hier ein anderer Auszug:

Jeff schiebt ein großes Schiff über den Fußboden, auf Anns Bauwerk zu.

Jeff:
„Achtung, hier kommt das große alte Schlachtschiff."

Ann:
„Sag doch bloß so was nicht. Da denkt man ja an die Leute, die totgemacht werden, und ich kann das Wort nicht ausstehen."

Jeff:
„Okay. Also dann ist das ein Schlachtschiff von ganz früher, und jetzt ist es schon längst ein Passagierdampfer, nur für Passagiere, und Totmachen ist nicht erlaubt."

Ann:
„Gut, da bin ich froh."

Und hier ein dritter:

Charly, das Meerschweinchen, war gestorben.

Bobby:

„Charly ist in die Kirche gekommen, in ein Labor. Da hat er 'ne Tablette gekriegt, weißt du, Aspirin. Aber es wurde nicht besser mit ihm. Und dann ist er gestorben, weil er nicht mehr fressen konnte. Er könnte nie mehr zurückkommen."

Danny:

„Ich glaube, er liegt tot in der Kirche."

Bobby:

„Ich hoffe, er kommt wieder."

Danny:

„Aber du weißt doch, er kann nicht."

Bobby:

„Ich hab gesagt, ich hoffe es."

Danny:

„Ja, aber es geht nicht."[6]

Im Gespräch unter sich versuchen die Kinder herauszufinden, was beim Tode geschieht: Das Atmen hört auf, ebenso die Nahrungsaufnahme. Und es gibt keine Wiederkehr. Immerhin kann man hoffen. Und was „hoffen" bedeutet, wissen Kinder.
In erzieherischer Hinsicht bemerkenswert ist die Tatsache, daß die Kinder in den angeführten Gesprächen ihre eigenen Ausdrücke gebrauchten. Während sie sich um Klärung des Sachverhalts bemühten, benutzten sie ihre eigene Sprache: „Der Arzt paßt schon auf"; „Da hat er 'ne Tablette gekriegt." Sie stellten ihre eigenen, tiefgründigen Fragen: „Steht die Welt dann still?" Und was sie vorbrachten, war für dieses Mal genug. Mit mehr Erfahrung und fortschreitender geistiger Entwicklung werden sie weiterforschen. Dagegen ist Information durch die Erwachsenen auf dieser Stufe entbehrlich; es sei denn, das Kind möchte etwas ganz Bestimmtes wissen.
Eltern und Erzieher brauchen allerdings nicht unbedingt auf spontane Gespräche über den Tod zu warten; die Gelegenheit kann auch herbeigeführt werden durch ein gutes Kinderbuch, das das Thema „Tod"

ehrlich und verständlich behandelt. Solch ein Buch interessiert Kinder aller Altersstufen und ist auch für den Erwachsenen aufschlußreich. (Hinweise auf deutsche Bücher finden Sie am Ende des Buches im Literaturverzeichnis.)

In dem Buch „The Tenth Good Thing about Barney"[7] erzählt Judith Viorst die Geschichte eines kleinen Jungen, der um seine Katze trauert. Als sie begraben wird, ruft er sich noch einmal all ihre guten Eigenschaften und ihre gemeinsamen Erlebnisse ins Gedächtnis. Während das Leben danach seinen gewohnten Gang geht, überwindet er schließlich den Verlust, und an die Stelle der Traurigkeit treten die Daseinsfreude und eine neue Betrachtungsweise der Natur: „Barney ist nun in der Erde, und er hilft mit, daß die Blumen wachsen."

Ein Besucher las Fünf- bis Siebenjährigen die Geschichte vor. Gewöhnlich sind Kinder beim Betrachten eines Bilderbuches an den Bildern mindestens ebenso interessiert wie an seinem Inhalt. In diesem Fall nahmen sie sich jedoch kaum die Mühe hinzusehen, als ihnen die hübschen Schwarzweiß-Illustrationen gezeigt wurden. Sie hörten aufmerksam zu, malten sich die Geschehnisse aus, machten sich Gedanken und äußerten sie auch.
Der Besucher las: „Am Abend wollte ich noch immer nicht fernsehen." Er hielt inne und fragte: „Warum wohl nicht?" „Er war so *traurig,* daß Barley tot war", antwortete eins der Kinder sofort, indem es die ganze Betonung auf das Wort „traurig" legte und dabei über den Namen stolperte. Ein anderes korrigierte: „Nicht Barley; Barney hieß die Katze." Das erste Kind wiederholte seine Aussage, diesmal mit dem korrekten Namen, wobei es auch jetzt das Wort „traurig" besonders klar und deutlich aussprach.
Durch diesen einfachen Ausdruck, der fortlaufend verwendet wird, sowie durch die Beschreibung der Dinge, die man tut oder unterläßt, wenn man über jemandes Tod betrübt ist, gelingt es der Verfasserin, die Stimmung einzufangen. Es erschien den Kindern verständlich und bezeichnend, daß der Junge nicht fernsehen mochte und fast gar keinen Hunger hatte. Während dieser davon überzeugt ist, daß Barney in der Erde liegt, behauptet seine Freundin Annie, er sei jetzt im Himmel mit vielen anderen Katzen und Engeln. Das beschäftigte die Kinder sehr. Die Vorstellung, daß der Himmel ein sehr weit entfernter Ort sei, veranlaßte eines zu der Bemerkung: „Es dauert wohl sehr lange, bis man dort ist."

Und ein anderes, dem der Gedanke zu schaffen machte, daß der Himmel ja hoch über der Erde sei, fragte: „Wie kommt man denn aus der Erde dorthin?" und gab sich selbst die Antwort: „Man muß eben klettern und springen." Dabei führte es entsprechende Bewegungen aus, die den Aufstieg veranschaulichen sollten.

Ein drittes erklärte: „Manche Leute glauben nicht an den Himmel." Keines widersprach, und das erste stellte nun realistisch fest: „In der Erde sind Würmer und Käfer und so was, die essen alles auf, was tot ist." „Ich mag Tote nicht sehen, und all das . . .", – das Mädchen verzog das Gesicht – „es macht mich so traurig." Vielleicht benutzte es unbewußt das Wort aus dem Buch.

Das Beispiel zeigt, wie eine Geschichte den Anstoß geben kann, über die *Traurigkeit* zu sprechen und über den Himmel und „Würmer in der Erde und so was" nachzudenken. Die Kinder identifizieren sich mit dem Jungen, können den Verlust des Lieblingstieres nachempfinden, die Äußerungen der Trauer nachvollziehen. Sie nehmen die ihnen zugänglichen Fakten über den Tod auf, werden nachdenklich und wollen wahrscheinlich mehr wissen.

Mit einem oder mehreren Kindern gemeinsam ein Buch anzuschauen bzw. zu lesen ist für den Erwachsenen eine dankbare Aufgabe. Oft ist ein Kinderbuch unerwartet reizvoll. Einerlei, ob das Kind zuhört oder schon selber lesen kann, jedesmal bedeutet es für den Erzieher Anregung, Bereicherung und einen weiteren Zugang zum kindlichen Verständnis.

Auch das Thema „Tod", das sehr schwierig anzugehen ist, kann man ihnen auf diese Weise nahebringen.

Zahlreiche inzwischen erschienene Studien und Berichte von Psychologen (bes. von Elisabeth Kübler-Ross[8]) sowie Artikel von Erziehungswissenschaftlern betonen die Notwendigkeit, sich mit dem Phänomen des Todes zu befassen und offen darüber zu sprechen, und das Interesse der Eltern und Erzieher wächst. Leider wurden in Deutschland bisher nur wenige geeignete Kinderbücher veröffentlicht. In Amerika sind dagegen in den letzten Jahren einige gute Bücher erschienen.

Einige davon erzählen von den Begegnungen mit toten Tieren. Daß Kinder einen toten Vogel finden, ist nicht ungewöhnlich. Sie entdecken die charakteristischen Merkmale des Todes, und das Erlebnis hinterläßt oft einen nachhaltigen Eindruck. In dem Buch von Margaret Wise-

Eine dörfliche Beerdigung

Brown: „The Dead Bird"[9] wird ausführlich geschildert, wie die Kinder den gefundenen Vogel feierlich begraben. Als es vor etlichen Jahren erschien, wurde die schlichte, einprägsame Geschichte als Kindern unangemessen kritisiert, während sie heute Bibliothekarinnen und Eltern als durchaus geeignet erscheint. Den Tod oder anderes Unglück, das Menschen zustoßen kann, zum Inhalt von Kinderbüchern zu machen, ist kein Tabu mehr.

Indem die Kinder von Beisetzungen und Totenfeiern erfahren und stellvertretend die Riten nachvollziehen, spüren sie etwas von dem Ernst und der Endgültigkeit des Todes und erkennen nach und nach seine Bedeutung für das menschliche Leben.

„Annie and the Old One" von Miska Miles[10] ist ein ungewöhnliches Buch von besonderem literarischem Wert. Es erzählt von dem bestürzenden Wissen eines Kindes um den bevorstehenden Tod seiner Großmutter. Die Lebensgewohnheiten und Traditionen der Navajos beschreibend, zeichnen Verfasserin und Illustrator ein Bild der alten Indianerfrau, ihrer Stärke, der Kraft ihres Geistes und ihrer Verbundenheit mit der Familie. Sie spricht über ihr nahes Ende: „Meine Kinder, wenn der neue Teppich vom Webrahmen genommen wird, kehre ich zur Mutter Erde zurück." Annie, die sich leidenschaftlich gegen das Sterben der Großmutter sträubt, ist entschlossen, es zu verhindern. Sie greift zu außerordentlichen Mitteln, um ihre Mutter vom Weben abzuhalten; sie knüpft sogar die Hälfte des bisher fertiggestellten Stückes wieder auf, damit der Teppich nicht fertig wird. Schließlich gelingt es der Großmutter, Annie von der Notwendigkeit des Wechsels in der Natur, des Vergehens und Werdens zu überzeugen. Annie findet sich mit der Fortführung des Webens ab und hilft, den Teppich zu vollenden. Der Tod der alten Frau wird nicht geschildert, doch alle wissen, daß es kein Ausweichen gibt, und man kann Annie die Verzweiflung nachfühlen, aus der heraus sie sich gegen das Unabänderliche zur Wehr setzt mit klugen, doch nutzlosen Versuchen. Am Ende gelangt der Leser mit Annie dazu, den Kreislauf von Leben und Tod als naturgegeben hinzunehmen.

4.
„Wer hat ihn totgemacht?"

Erfahrungen der Kinder mit dem Tod von Tieren

Aus Büchern etwas über den Tod zu erfahren, ist sicher für Kinder wie für Erwachsene eindrucksvoll, führt zu immer größerem Verständnis und dient als Vorbereitung für die Realität; was uns aber vor allem beschäftigt, ist die *unmittelbare* Begegnung der Kinder mit dem Tod. Sollen sie direkt damit in Berührung kommen, und was sind die möglichen Folgen?

Unser Buch beginnt zwar mit dem Tod eines Kindes, da dieser der Anlaß zu seiner Entstehung war, und der Tod von Menschen aus der Sicht von Kindern wird auch der Inhalt der nächsten Kapitel sein. Zunächst aber scheint es angezeigt, auf Erfahrungen mit dem Tod von Tieren einzugehen, die ein Schritt auf dem Wege sein können, der zur Bewältigung des Todes von Menschen und des Verlustes von Angehörigen führt.

Kinder aller Altersstufen lieben Tiere. Jeder von uns kennt ihre zärtliche Zuneigung zu einem Haustier, und in der Literatur finden sich dafür unzählige Beispiele. A. A. Milne[11] beschreibt die Liebe eines kleinen Jungen zu einem Käfer, den er Alexander nennt und in einer Streichholzschachtel untergebracht hat. Er ist tief unglücklich, als Alexander ihm abhanden kommt, und ganz sicher, daß sie einander wiedererkennen werden, falls sie sich noch einmal treffen.

Für ein älteres Kind bedeutet das Zusammensein mit einem Tier, für das es sorgen muß und das ihm außer Freude auch einmal Kummer bereiten kann, eine Bereicherung für sein ganzes Leben.
Alicia war ungefähr sieben Jahre alt, als sie eine kleine Hündin erhielt, einen Mischling, den sie „Fluffy" nannte. Sie liebte ihn über alles, und er wurde zur Quelle größten Vergnügens, ungewohnter Sorgen und aufregender Entdeckungen.

Hasenjagd

Sie wollte nicht, daß Fluffy sterilisiert wurde, denn sie sollte Kinder bekommen. Später war sie außer sich vor Angst, die kleine Fluffy könnte sich mit dem großen Hund der Nachbarn eingelassen haben und bei der Geburt von zu großen Babies sterben. „Was kann man tun?" jammerte sie, „kann der Tierarzt helfen?"
Als Fluffy vier Jahre alt war, wurde sie eines Nachmittags während eines heftigen Schneetreibens vor den Augen der entsetzten Alicia und ihrer Mutter von einem Auto angefahren, als sie aus einem Schneehaufen heraussprang. Sie brachten sie unter größten Mühen ins Krankenhaus, wo man innere Verletzungen und Knochenbrüche feststellte. Der Arzt hatte den Hund aufgegeben und fragte, ob das Kind denn so sehr an dem Tier hänge. Alicia war über diese Frage sehr böse. *Sie* hatte noch Hoffnung und wollte, daß Fluffy weiterbehandelt würde. Als sich ihr Zustand in der Klinik nicht besserte und sie die Nahrung verweigerte, bat die Kleine, sie mit heimnehmen zu dürfen.
Es schien wie ein Wunder, daß die Hündin von ihr tatsächlich Futter annahm und auf die persönliche Pflege ansprach. Nach einigen

Wochen war sie wieder ganz gesund und konnte, abgesehen von einem leichten Hinken, das von der gebrochenen Hüfte herrührte, herumtoben wie früher.

Es gibt nur wenige Gelegenheiten, die mehr geeignet wären, Mitleid und Verantwortungsgefühl zu wecken, wie solch ein Einsatz für ein Tier, bei dem sogar die Kunst des Arztes versagt hat; einerlei, ob es nun am Leben bleibt oder nicht. Das Erlebnis wird nicht ohne Einfluß auf die menschliche Entwicklung des Kindes bleiben und Maßstäbe im späteren Leben setzen.

Verliert ein Kind seinen Hund durch einen Unfall, so geht ihm das fast immer sehr nahe. Ein solches Beispiel schildert Carol Carrick.[12] Christopher wendet sich in wildem Zorn gegen den Fahrer des Lastwagens, obwohl den keine Schuld trifft. Gewissensbisse plagen den Jungen, daß er den Hund gerade an diesem Abend ausgeführt hat. Er redet sich ein, sein Liebling sei gar nicht tot, und überschüttet den Vater mit Vorwürfen, weil dieser den Hund beerdigt hat: „Warum hast du das getan, ohne mir etwas davon zu sagen?" – Seine Eltern sind geduldig und voller Mitgefühl. Der Vater nimmt ihn bei der Hand, um mit ihm zusammen einen Grabstein zu suchen. Als Christopher endlich imstande ist, über den Hund zu sprechen, und zu schluchzen beginnt, fühlt der Leser, daß der Junge im Begriff ist, seinen Kummer zu überwinden. Geschichten dieser Art schildern Ausschnitte aus der Welt der Kinder und können allen eine Hilfe sein, die ähnliches erlebt haben. Sie können ebenfalls dazu dienen, über ähnliche Situationen nachzudenken, in die man als Erzieher mit den Kindern kommen kann. Mögliche Reaktionen und Verhaltensweisen in einer solchen Situation können schon einmal in Gedanken durchgespielt werden.

In einem Artikel mit der Überschrift: „They Learn from Living Things"[13] beschreibt die Anthropologin Margaret Mead, welch großer erzieherischer Wert darin liegt, Kindern Gelegenheit zu geben, Haustiere zu versorgen und zu beobachten und den Kreislauf des Lebens kennenzulernen, der den Tod einschließt. Die heutigen Kinder, so meint sie, beschäftigen sich meistens mit Spielsachen und leblosen, mechanischen Dingen, die sie in Gang setzen und nach ihrem Willen lenken können. Als Gegengewicht brauchen sie daher dringend Kontakt mit Tieren und Pflanzen. Lebewesen haben ihren eigenen Rhythmus und eigene Bedürfnisse. Indem das Kind lernt, diese zu befriedigen und sich nach ihnen zu richten, wird es vor allem Lebendigen Achtung empfinden.

M. Mead führt weiter aus, daß sich auf diesem Weg auch das Verständnis für den Tod entwickeln könne. Die Kinder sähen zwar genug Tote auf dem Bildschirm, verfügten aber doch kaum über eigene Erfahrung. Da sie in der Wirklichkeit selten Gelegenheit hätten, einen Sterbenden oder Toten zu sehen, müßten sie eng vertraut werden mit dem Kreislauf der Natur, wie er sich an Pflanzen und Tieren darstelle, von der Geburt bis zum natürlichen oder willkürlichen Tod. Nur so könnten die Achtung vor dem Leben und die Ehrfurcht vor dem Tode entstehen, worauf unsere Kultur sich gründe.

Hat das Kind ein Tier, für das es sorgt und mit dem es sich beschäftigt, so stehen die Eltern dem in der Regel wohlwollend gegenüber, solange es gesund und lebendig ist. Stirbt das Tier, verkehrt sich ihre Haltung oft ins Gegenteil, und sie würden am liebsten die Augen davor verschließen. Meistens möchten Eltern, Verwandte, Bekannte und Erzieher nicht, daß die Kinder vom Tod ihres Lieblings überhaupt erfahren; ganz abgesehen davon, daß sie ihnen den Anblick des Leichnams ersparen wollen. Vielleicht ruft uns der Tod unsere eigene Sterblichkeit ins Gedächtnis, und wir möchten nicht daran erinnert werden; oder wir nehmen an, daß er unnötigen Kummer über unsere sonst so fröhlichen Kinder bringt.

Als Ann ungefähr acht Jahre alt war, schenkten ihre Eltern ihr einen wunderschönen Wellensittich. Obgleich selbst keine großen Tierfreunde, erkannten sie doch, welche Bedeutung die Pflege eines Tieres für ein Kind hat und wieviel Freude es ihm bereiten würde. Außerdem war Ann ein Einzelkind und bekam auf diese Weise Gesellschaft. Sie hatten sich nicht getäuscht. Ann liebte den farbenprächtigen, munteren Vogel, nannte ihn gleich „Lollypop" und kümmerte sich gewissenhaft und eifrig um ihn.

Eines Tages verreiste die Familie und ließ ihn in der Obhut einer zuverlässigen Tante zurück. Obwohl diese nun den Käfig in der Küche aufgestellt hatte, wo man die Tür immer geschlossen hielt, wenn die Katze in der Nähe war, geschah das Unglück. Einmal gelang es ihr doch, sich hineinzuschleichen, und gleich darauf konnte man an den Federn, die um den leeren, offenen Käfig verstreut lagen, ablesen, was geschehen war.

Als Anns Eltern davon hörten, waren sie sich sofort einig, was sie tun wollten. Niemals würden sie ihrer Tochter erzählen, daß ihr Liebling lebendig aufgefressen worden war; sie empfanden es als viel zu grausam. Warum sollten sie Ann dieses Leid zufügen, wenn es sich vermeiden ließ? Es erschien ihnen ganz einfach zu sagen, der Wellensittich sei aus dem versehentlich geöffneten Fenster entflogen und befände sich jetzt sicherlich bei freundlichen Leuten, die ihn eingefangen und aufgenommen hätten. Ann nahm ihren Eltern die Geschichte ab und war, wie sie sagten, nicht allzu unglücklich. Bald darauf kauften sie ihr einen neuen Vogel. – Sich als Erwachsene an den Vorfall erinnernd, berichtete Ann: „Niemals habe ich gedacht, daß mein Wellensittich tot sei. Ich war traurig und besorgt, aber doch voller Hoffnung, daß er irgendwo von jemandem betreut würde. Dann bekam ich von den Eltern einen zweiten geschenkt. Ich glaube nicht, daß ich sie darum gebeten hatte; man kann ja nicht einen verlorengegangenen Vogel durch einen anderen ersetzen. Aber nach einer gewissen Zeit hatte ich Lollypop den Zweiten auch gern." Damit drückte Ann das aus, was sich immer wieder bestätigt, daß nämlich, wenn man sich einem Tier verbunden fühlt, nicht so schnell ein anderes an seine Stelle treten kann. Ein Kind braucht Zeit, um über den Verlust hinwegzukommen und sich an ein anderes Tier zu gewöhnen.

Zwei weitere Aspekte, die das genannte Beispiel enthält, sollen hier noch näher betrachtet werden. Der erste ist die Annahme der Eltern, was ihnen grausam und abstoßend erschien, sei auch abstoßend und schädlich für ihre Tochter, und es sei daher ihre Pflicht, sie davor zu bewahren. Daß Katzen Vögeln nachstellen, ist eine Tatsache, die ein Kind, sobald es den Vorgang erfaßt, zweifellos sehr verwirren und beunruhigen kann. Verliert es nun durch dies Naturgesetz sein Lieblingstier, so kann das wirklich ein Schock sein, wie Anns Eltern vermuteten. Die Frage ist, ob wir den Kindern in jedem Fall einen solchen Schock ersparen sollen. Ann war kein übersensibles, sondern ein realistisch denkendes Kind. Mit fünf Jahren hatte sie ein Gedicht gemacht, das von Truthähnen handelte, die als Festbraten vorgesehen waren. Sie taten ihr leid, aber sie fand doch, daß es in Ordnung war.

Wir alle wissen, daß Kinder eine bemerkenswerte Kraft haben, auch schwerere Prüfungen durchzustehen, vorausgesetzt, sie können ihre Erlebnisse mit Menschen teilen, die sie lieben; sie können sich aussprechen und möglicherweise aus eigenem Antrieb etwas unternehmen.

Unter diesen Umständen kann eine solche Erfahrung sich positiv auf ihren Reifungsprozeß auswirken.

Der zweite Aspekt ist der, daß man nicht sicher sein kann, ob das Kind die Unwahrheit einer Aussage nicht durchschaut. Vielleicht gelingt es einem, das Kind zu überzeugen, wie im Falle von Anns Eltern, oder es handelt sich um Alltäglichkeiten ohne weittragende Folgen, welche aus Bequemlichkeit oder, um Unannehmlichkeiten aus dem Wege zu gehen, von den Erwachsenen falsch dargestellt werden. Bei wirklich wichtigen Dingen jedoch – und der Tod eines Haustieres gehört dazu – ist es unwahrscheinlich, daß Ausflüchte vom Kind als solche nicht erkannt werden, wodurch sein Vertrauen erschüttert oder eine aufrichtige Beziehung überhaupt verhindert werden könnte. Sagt man dagegen, so schwer und schmerzlich das sein mag, dem Kind die Wahrheit, nicht abrupt und nüchtern, sondern mitfühlend und behutsam, so wird es in seinem Vertrauen und seiner Zuversicht eher bestärkt, und es entwickelt sich daraus nicht selten eine noch festere Bindung. Eltern und Kinder, die gemeinsam um ein Tier getrauert haben, sind vielleicht später in der Lage, ein noch größeres Unglück zu überwinden.

Nachdem wir uns mit einzelnen Kindern und ihrer ganz persönlichen Freundschaft zu einem Tier beschäftigt haben, wenden wir uns nun einer Gruppe von Vier- bis Fünfjährigen und ihren Erlebnissen in einem Kindergarten zu.

● Eine Erzieherin, die ihren Schützlingen erlaubt, Tiere zu halten, muß sich auf Zwischenfälle gefaßt machen, die nicht immer angenehm sind, aber durchaus im Bereich des Möglichen liegen.
Frau C. konnte dem Kauf einiger Küken, die in der Tierhandlung des Ortes zu haben waren, nicht widerstehen. Sie kaufte sechs und brachte sie in einem geeigneten Drahtkäfig unter. Nachdem man auch Futter besorgt hatte, gab es eine lebhafte Diskussion über die Namen; man einigte sich schließlich auf Chicky, Nicky, Ricky, Picky, Squeaky und Petunia.
Schon nach zwei Tagen trat ein unerwarteter Verlust ein. Eins der Küken starb, wahrscheinlich war die Temperatur zu niedrig gewesen. Bei genauerer Untersuchung stellte man fest, daß in dem Raum Zugluft herrschte; der Hausmeister wurde zu Rate gezogen und eine Birne am Käfig befestigt, die die nötige Wärme lieferte. Die Kinder verstanden, daß Küken es warm haben müssen, wenn sie sich wohlfühlen sollen.

„Ein Glück, daß es Elektrizität gibt!", sagte ein Kind. Ganz mit der Installierung der lebenspendenden Wärmequelle für die fünf munteren Hühnchen beschäftigt, nahmen sie den Tod des sechsten zwar mit Bedauern zur Kenntnis, doch schien er keinen nachhaltigen Eindruck zu hinterlassen.

Dann geschah es, daß das zweite Küken starb. Picky ließ den Kopf hängen und wollte nicht mehr fressen. Die Kinder hatten die Tiere inzwischen sehr genau beobachtet; sie bemerkten sofort, daß „mit dem da was nicht in Ordnung" war. Dieses Mal wurde eine Kollegin befragt, die auf einer Hühnerfarm gearbeitet hatte, und ihr Rat, das Kranke von den übrigen zu trennen, sogleich befolgt. Am nächsten Tag galt das Interesse sowohl der Erhaltung der vier gesunden wie auch dem sterbenden Küken, das nicht mehr herumlief; es stand nicht mehr auf und nahm auch das eifrig angebotene Trinkwasser nicht an.

Noch bevor es aufgehört hatte zu atmen, machten die Kinder Vorschläge für sein Begräbnis. Richard ergriff eine Schachtel und stellte sie neben das Küken, um zu sehen, ob es hineinpasse. Im ganzen betrachteten die Kinder seinen Tod sehr sachlich, waren jedoch besonders aufmerksam und bemühten sich noch intensiver um die übrigen als vorher. Nur Helen, ein sehr sensibles fünfjähriges Mädchen, reagierte sehr betroffen. Sie weinte ein wenig, beobachtete die restlichen Küken ängstlich und wiederholte mehrmals: „Hoffentlich sterben die andern nicht auch!" In dieser Woche träumte sie, ein weiteres sei gestorben, und teilte ihren Eltern ihre Befürchtungen mit. Die Erzieherin hatte viel Verständnis für sie und versicherte ihr, daß den anderen nichts fehle und sie die beste Pflege erhielten. Ihre eigene Betrübnis zeigte sie nicht, um die des Kindes nicht zu vergrößern.

Helen war in der Folgezeit den Küken besonders zugetan. Sie wuchsen heran und wurden bald draußen in einem größeren Gehege untergebracht, wo sie munter umherrannten und für ständige Unterhaltung sorgten, indem sie sich gegenseitig die Würmer zu entreißen versuchten. Gegen Ende des Jahres wurden sie, wie verabredet, dem Inhaber der Tierhandlung zurückgegeben.

Waren die beiden Todesfälle ein Schrecken für die Kinder, dem man sie nicht hätte aussetzen sollen? Wäre es besser gewesen, sie ihnen zu verheimlichen oder ihnen wenigstens den Anblick der sterbenden Tiere zu ersparen? Diese Erzieherin fühlte sich durch das Vorgefallene nicht bedrückt. Das Risiko bei der Aufzucht von Küken war ihr bekannt, und sie waren gut versorgt worden. Sie war der Meinung, der natürliche Tod eines Tieres mache die Kinder mit wichtigen Lebensvorgängen bekannt und sei eine eher positive als böse oder quälende Erfahrung, solange man das Gefühl des Verlustes und des Bedauerns nicht ausklammere und die Tatsachen erkläre.[14] Der Bericht zeigt die natürliche Reaktion der Kinder und ihr sachliches Interesse in bezug auf den Tod der beiden Küken sowie die Betreuung der übrigen. Er zeigt auch das unterschiedliche Verhalten der einzelnen in seiner ganzen Spannweite, von Richards praktischer Handlungsweise, den Sarg auszumessen, bis zum echten Kummer von Helen, einem Kind, das bei kleinsten Anlässen zu Tränenausbrüchen neigte. Da die Erzieherin das wußte, versuchte sie sich jetzt ganz besonders in Helen hineinzuversetzen, legte aber Wert darauf, daß sie bei dem Begräbnis dabei war, womit das Erlebnis seinen Abschluß fand. Später übertrug sie Helen die Aufgabe, bei der Versorgung der übrigen Küken zu helfen.

Eine andere Situation, ebenfalls den Tod eines Tieres betreffend, ergab sich in einer Gruppe jüngerer Kinder:

Eines Morgens entdeckt die Erzieherin, daß einer der beiden Frösche, die sie vor kurzem angeschafft hat, tot ist. Bevor sie ihn fortträgt, legt sie ihn in eine Schale, nicht weit von dem Behälter mit dem lebendigen Frosch entfernt. Sie weiß, daß die Kinder ihn vermissen würden und ihn auf jeden Fall hätten sehen wollen.

Roger, dreieinhalb Jahre alt, geht zu dem Frosch hin und fragt:
„Warum ist dieser Frosch hier?"

„Dieser Frosch ist tot", sagt die *Erzieherin.*

Roger:
„Wer hat ihn totgemacht?"

Erzieherin:
„Niemand hat ihm etwas getan. Er ist von selbst gestorben."

Roger:
„Warum?"

Erzieherin:
„Er ist aus dem Behälter mit dem Schlamm hinausgesprungen, und wir konnten ihn nicht wiederfinden, so hatte er keinen Schlamm und kein

44

Wasser, und da ist er eingetrocknet und gestorben." (Die Erzieherin versucht sich einfach, kurz und genau auszudrücken.)

Roger:
„Ist dieser Frosch tot?"

Erzieherin:
„Ja."

Roger:
„Leg ihn in Wasser."

Erzieherin:
„Das nützt nichts."

Roger:
(der ihn weiterhin fixiert, aber nicht anfaßt) „Beißt er?"

Erzieherin:
„Nein."

Roger:
(offensichtlich nicht imstande zu verstehen, was „tot" bedeutet) „Warum ist der Frosch tot?"

Erzieherin:
„Er ist eingetrocknet und gestorben."

Roger:
„Kann ich ihn auf den Tisch legen?" (Er hebt ihn ganz vorsichtig hoch, legt ihn auf den Rücken und fragt noch einmal:) „Der ist tot, nicht?"

Erzieherin:
„*Ja.*"

Roger:
(indem er den Bauch des Frosches berührt und inspiziert) „Kann er sich umdrehen?"

Erzieherin:
„Der Frosch ist tot; darum kann er gar nichts mehr machen."

Roger:
„Gib ihm was zu essen."

Erzieherin:
„Nein, der Frosch kann nichts essen – er ist tot."

Roger:
„Warum?"

Erzieherin:
„Er hatte kein Wasser und keinen Schlamm, da ist er eingetrocknet."

Roger:
„Ich will ihn mal umdrehen."

Als das geschehen ist, scheint er zu begreifen, daß der Frosch weder Widerstand zu leisten noch sonst eine Reaktion zu zeigen vermag, sehr im Unterschied zu dem springlebendigen Tier, als das er es früher erlebt hat. Trotzdem stößt er ihn noch einmal an und wartet, daß er sich regt. Und noch einmal fragt er: „Ist der Frosch tot?" Die Erzieherin antwortet ihm auch diesmal in der Erkenntnis, daß ein Kind erst nach unzähligen Wiederholungen der gleichen Frage und erst nach einer ganzen Weile einen schwierigen Sachverhalt erfaßt. Nicht nur die äußeren Merkmale, sondern auch das Phänomen des Todes sind für ein Kind schwer zu verstehen.

Nachdem Roger den toten Frosch ungefähr eine halbe Stunde lang betrachtet hat, nimmt er ihn auf und trägt ihn zu Kindern an einem anderen Tisch, die mit Ton modellieren und den Frosch noch gar nicht beachtet haben. Er sagt zu ihnen: „Guckt mal, der Frosch ist tot!" Dann bringt er ihn zu Albert, der mit Klötzen baut: „Guck mal, Albert, dieser Frosch ist gestorben, weil er kein Wasser hatte." Albert wirft ihm zwar einen verständnisvollen Blick zu, läßt sich aber bei seiner Beschäftigung nicht stören, und Roger trägt den Frosch an seinen Platz zurück, wo er ihn weiter beobachtet. Endlich kommen auch andere hinzu; fragen, wer ihn totgemacht habe und schlagen vor, ihn ins Wasser zu legen, um ihn ins Leben zurückzurufen. Roger läßt den Frosch nicht aus den Augen; er ist nicht gewillt, ihn den anderen Kindern oder der Erzieherin zu überlassen. Als die Hausmeistersfrau mit der Milch kommt, ergreift er den Frosch und stürzt aufgeregt auf sie zu: „Frau F., sieh, dieser Frosch ist tot! Er hatte keinen Schlamm und kein Wasser, und da ist er eingetrocknet und gestorben." Er sagt es wichtig und mit Nachdruck, mit genau den gleichen Worten, die die Erzieherin benutzt hat; trotzdem glaubt diese nicht, daß Roger wirklich versteht, was es bedeutet, wenn das Leben aufhört, und daß er bei der nächsten Gelegenheit nicht wieder die gleichen Fragen stellen wird.

Rogers Ausdauer beim Betrachten des Frosches mag zunächst als bloße Hartnäckigkeit erscheinen, ist aber doch als eine beträchtliche geistige Anstrengung zu werten, schrittweise einer unbekannten Erscheinung auf den Grund zu kommen.[15] Wieder sehen wir große Unterschiede zwischen den Kindern. Während die Gruppe so gut wie gar kein Interesse an den Tag legte, zeigte sich Roger wißbegierig; er fragte beharrlich, nahm den toten Frosch vorsichtig in die Hand und machte schließlich den Versuch, den Tod zu erklären. Während der ganzen Zeit bemühte er sich, den andern mitzuteilen, was geschehen war.

Das Wesentliche an diesem Beispiel ist, daß die Erzieherin nicht der Ansicht war, alle Kinder müßten anhand des Vorfalls „etwas lernen", und daß sie sich darauf beschränkte, die Fragen kurz und präzise zu beantworten, ohne eigene Erklärungen hinzuzufügen. Sie registrierte außerdem Rogers Interesse für anatomisch-physiologische Einzelheiten. Dieses ist typisch für die Art und Weise, wie kleine Kinder lernen. Sie hatte aber, darauf sei noch einmal besonders hingewiesen, den toten Frosch an einen Platz gelegt, wo ihn jeder sehen konnte.

Nicht alle Erzieher gehen so vor, wie aus folgender Episode ersichtlich ist:

● Eine junge Erzieherin kam aufgeregt in das Zimmer der Leiterin und berichtete, die Maus der Kinder läge tot in ihrem Käfig. Ob sie den Hausmeister rufen solle, damit er sie hinaustrüge, oder ob sie, die Leiterin, etwas unternehmen wolle?
Die Erzieherin war jedem einzelnen ihrer Schützlinge sehr zugetan und verfolgte mit wachem Interesse alle Lernvorgänge in der Gruppe, konnte sich aber nicht überwinden, Tiere anzufassen, weder tote noch lebendige. Sie tolerierte ihre Anwesenheit nur der Kinder wegen. „Wirklich", sagte sie, „je eher sie fortkommt, desto besser. Es scheint die Kinder sowieso nicht zu interessieren. Keiner ist zu dem Käfig hingegangen oder hat etwas gesagt." Was sie vorbrachte, klang einleuchtend. Dennoch war die Leiterin nicht davon überzeugt. Sie folgte der jungen Erzieherin in das Spielzimmer, holte den Käfig aus der Ecke und stellte ihn in die Mitte. „Ich möchte gern eure Maus sehen", sagte sie zu allen, die in Hörweite waren. Sofort schlossen sich ihr ein paar Kinder an.

„Was ist los mit ihr?" wollten sie wissen. „Ja, was meint ihr wohl?" fragte die Leiterin. Inzwischen hatte sich die Gruppe fast vollzählig um den Käfig versammelt, und es kamen einleuchtende Antworten: „Sie schläft." „Sie ruht sich aus." „Sie ist krank." „Sie kann sich nicht bewegen." „Vielleicht ist sie tot." Leslie nickte zustimmend: „Ja, die ist tot."

„Laß mal sehen", sagten die Kinder. Die Leiterin legte sie auf den Tisch. Ein kleiner Junge tippte sie mit dem Finger an. „Sie ist nicht tot, sie bewegt sich ja", sagte er ernsthaft. Nun wollten viele Kinder sie anfassen, um es nachzuprüfen. Einige meinten, mit Futter und Wasser würde sie schon wieder auf die Beine kommen. Andere schlugen vor, sie zu begraben. Manche bezweifelten auch, daß sie endgültig tot sei. Leslie bestand darauf, bis zur Frühstückspause abzuwarten. „Mal sehen, wie es dann ist", sagte er. Inzwischen war deutlich zu spüren, daß das Tier die Aufmerksamkeit der Kinder nicht länger zu fesseln vermochte. „Ihr habt recht", sagte daher die Leiterin abschließend. „Die Maus ist tot. Wir können im Hof einen schönen Platz für ihr Grab aussuchen, wenn wir nach draußen gehen." Und das taten sie dann.[16] Sie wickelten sie fürsorglich in ein Tuch und begruben sie unter einem Baum. Diejenigen, die nicht unmittelbar daran beteiligt waren, verfolgten den Vorgang ernst und still. Die Erzieherin erkannte trotz ihres Widerstrebens, sich persönlich mit dem toten Tier zu befassen, daß das Erlebnis für die Kinder wichtig gewesen war. Viele Eltern und Erzieher reagieren ähnlich, wenn es sich um kleine Tiere handelt. Sie möchten sich ihrer entledigen und die Sache vergessen, um sich erfreulicheren Dingen zuzuwenden. Das mag für Erwachsene zweckdienlich sein; Kindern aber wird dadurch eine Gelegenheit vorenthalten, aus erster Hand zu erfahren, was „Tod" bedeutet.

Anders als bei einem natürlichen oder einem Unfalltod verhält es sich mit dem vorsätzlichen, zweckgebundenen Töten von Tieren, das Kinder unter Umständen einmal zu sehen bekommen. Vernünftigerweise vermeiden es die Erwachsenen gewöhnlich, Kinder diesem Anblick auszusetzen. Doch ist solch eine Begegnung nicht immer auszuschließen. Der folgende Vorfall spielte sich auf einer Farm ab, die mit einem Internat verbunden war. Es war verabredet, daß die Erzieherin der Fünf- bis

Im Schlachthof

Siebenjährigen jedesmal vorher benachrichtigt werden sollte, wenn Tiere geschlachtet wurden. Einmal unterblieb diese Mitteilung versehentlich. Als die Gruppe zu einer kurzen Pause nach draußen ging, gelangte sie an den Kadaver eines eben getöteten Kalbes, der gerade aufgehängt worden war. Die riesige Fleischmasse – verglichen mit einem lebendigen, munter herumspringenden Kalb – und die blutigen, unübersichtlichen, merkwürdigen Eingeweide waren ein Schock sowohl für die Kinder wie für die Erzieherin. Ihr erster Gedanke war, die Kinder fortzubringen, um ihnen weitere Beunruhigung zu ersparen und um schwer zu beantwortenden Fragen aus dem Wege zu gehen. Aber weder durch Bitten noch durch den Hinweis, daß zu Hause etwas besonders Schönes auf sie warte, ließen sich die Kinder dazu bewegen. Sie waren von der Schlachtszene völlig fasziniert und rührten sich nicht von der Stelle.

Die Erzieherin überdachte die Situation, um zu einem Entschluß zu kommen. „Kinder", sagte sie dringlich, „Schlachten ist eine wichtige *Arbeit*, dabei dürfen wir die Männer nicht stören." Das verstanden sie, und sie wollten auch „kein Blut am Zeug haben" oder „weggejagt werden", wie sie sagten. So wichen sie zurück, blieben aber in angemessener Entfernung stehen, so daß sie das tote Tier im Blickfeld hatten. Da es Stadtkinder waren, denen der Zusammenhang zwischen einem geschlachteten Tier und der Nahrung der Menschen gar nicht klar war, beschloß die Erzieherin, mit ihnen ein Gespräch darüber zu führen. Als erstes wollte sie sichergehen, daß alle Kinder verstanden: Diese Tätigkeit hier bedeutet unsere Versorgung mit Fleisch und Fleischwaren. Das leuchtete ihnen ein. Die Fragen, die sich anschlossen, waren fast alle anatomischer Art, wie Name und Sitz der Lunge, der Leber und anderer Organe. Das Fell, das sie „Haut" nannten, fand besondere Beachtung; das Abziehen machte ihnen den größten Eindruck. Als sie später „Schlachten" spielten, wurde das Häuten mit anschaulichen Gesten nachvollzogen. Das Interesse für Anatomie, das durch dieses Erlebnis geweckt war, hielt ziemlich lange an. Die Erzieherin stellte sich bei der Planung der Projekte für die nächste Zeit darauf ein und besorgte entsprechende Bücher.

Susan Isaacs, Expertin für Kinderpsychologie und Erziehung in England, beschreibt die Wißbegier von Kindern, wenn sie lebende und tote Tiere in ihrer Umgebung beobachten.[17] Sie bezeichnet ihr Interesse am „Aufschneiden eines Tierkadavers, um das Innere zu sehen", als

Nach dem ersten Frost

biologische Forschung. Sie weist auch auf die Gelassenheit von Kindern bei der Tötung eines leidenden Tieres hin und empfiehlt Erwachsenen die gleiche Haltung als human und realistisch. Aufgabe der Erwachsenen sei es, Kindern zu helfen, die Natur kennen und achten zu lernen; ihnen Sinn und Zweck von Tätigkeiten wie z. B. dem Sezieren oder der Bekämpfung schädlicher Insekten zum Schutze der Menschen begreiflich zu machen. Daß Kinder Tiere um sich haben, sie pflegen, sie studieren und ihr Interesse an allen Vorgängen ohne Scheu vor etwaigen Tabus äußern, hält die Autorin für besonders wichtig.

Biologische Fakten offenbaren sich Kindern auch, wenn sie Gelegenheit haben, für Pflanzen zu sorgen; sie erleben das Sprießen, Wachsen und Blühen; das Reifen der Früchte oder Samen und schließlich das Verwelken und Absterben in relativ kurzer Zeit. Sie lernen auch die Voraussetzungen des Lebens kennen: Nahrung, Licht, Luft und Schutz vor Kälte und Hitze; sie werden vertraut mit dem Phänomen der Entwicklung und der Fortpflanzung, mit Problemen wie Seuchen, Krankheiten und Rückschlägen und wahrscheinlich auch mit dem Tod.

Die Terminologie für Leben und Tod der Pflanzen ist teilweise die gleiche wie bei anderen Lebewesen: Der Frost hat die Keime *abgetötet*; eine vernachlässigte Zimmerpflanze ist *verdurstet; tote* Äste werden aus der Baumkrone entfernt; das *abgestorbene* Laub der Kartoffeln wird verbrannt, nachdem die Pflanze Knollen gebildet hat, die, wieder in die Erde gesetzt, neue Kartoffeln hervorbringen, womit der Kreislauf von vorn beginnt. Ein Baum, der in seinem langen Leben Tausenden von Geschöpfen Schutz und Nahrung gewährt hat, geht ein und *stirbt.* – Die Kinder sehen aber auch, wie tote Pflanzen einen Beitrag zum Leben leisten und wie nichts in der Natur verloren geht.[18]

Wenn sie, verständnisvoll unterstützt von den Erwachsenen, diese Erfahrungen machen, werden sie Achtung vor dem Leben und menschlichen Werten entwickeln und schrittweise auch das Sterben der Menschen verstehen und akzeptieren lernen.

5.

„Der traurigste Tag meines Lebens"

Tod in der Familie

Viele Erwachsene, die der Begegnung von Kindern mit dem Tod ablehnend gegenüberstehen, wollen ihnen auch das Wissen um den Tod eines Menschen ersparen, wie im Falle von Rahel. Stirbt jemand in der Familie, so versuchen sie in dem Bestreben, ihre Kinder zu schützen, die Erkenntnis des Verlustes und die Bekundungen von Schmerz und Trauer von ihnen fernzuhalten. Doch haben Kinder als Familienmitglieder das gleiche Bedürfnis wie die Erwachsenen, nämlich dazuzugehören; zu erfahren was geschehen ist, und beteiligt zu sein an notwendig gewordenen Verrichtungen. Ausgeschlossen zu sein, aufgrund seines Alters oder seiner Stellung in der Gemeinschaft, setzt das Zugehörigkeitsgefühl und damit das Selbstbewußtsein herab. Kinder, die beim Tod von Angehörigen isoliert und sich selbst überlassen werden, sind in den meisten Fällen verwirrt und unfähig, das Leid, das, wie sie genau *fühlen,* die Familie betroffen hat, zu verkraften. Die Medien treten seit einigen Jahren für Offenheit und Ehrlichkeit Kindern gegenüber ein; sie haben diese Auffassung begründet und erteilen Ratschläge, so daß die Haltung der Gesellschaft sich jetzt langsam wandelt. Vielen Erwachsenen allerdings, in deren eigener Erziehung ein Gespräch über den Tod tabu war, fällt es schwer, sich umzustellen. Abgesehen davon, daß sie die Kinder vor belastenden Eindrükken bewahren wollen, sind sie unter Umständen auch zu sehr mit dem eigenen Kummer beschäftigt, um auf deren Anliegen zu achten; womöglich schenken sie ihnen und einem geregelten Tagesablauf, der dem Kind sonst das Gefühl der Sicherheit gibt, sogar weniger Aufmerksamkeit als gewöhnlich. Dann muß es nicht nur mit dem Verlust eines ihm nahestehenden Menschen fertigwerden, sondern auch mit dem veränderten, ihm befremdlich erscheinenden Verhalten der Angehörigen.

Ich erinnere mich an eine Frau, die, als sie über den Tod ihres Mannes in Tränen ausgebrochen war, plötzlich die Angst ihrer kleinen Tochter beim Anblick der so verwandelten Mutter wahrnahm und sich sogleich bemühte, ihr zu versichern, daß sie, die Mutter, nicht immerfort weinen und traurig sein würde; daß sie bald wieder so wäre wie sonst. Für beide war es sehr wichtig, daß der Kontakt auf diese Weise wiederhergestellt war.

Es hilft nicht nur den Kindern, sondern auch den Erwachsenen, wenn die Tätigkeiten und Besorgungen, die ein Todesfall mit sich bringt, gemeinsam erledigt werden. Trotz der unvermeidlichen Umstellung muß das Familienleben nicht ganz zerstört werden, und irgendwann, wenngleich langsam und unter Schwierigkeiten, wird normalerweise der Verlust verwunden sein.

Diese Erfahrung beschreibt Virginia Lee.[19] Zu einer ziemlich ungewöhnlichen Familie mit fünf Kindern und verschiedenen Tieren gehört die zehnjährige Maryanne, die durch ein lebensbedrohendes Herzleiden ans Bett gefesselt ist und immer schwächer wird. Alle Familienmitglieder, einschließlich des jüngsten, des fünfjährigen Mark-O, beteiligen sich an ihrer Pflege; sie bringen das Essen und unterhalten sie mit Spielen und Überraschungen. Als die Geschwister anfangen, Fragen zu stellen, sagt der Vater ihnen die Wahrheit: Die Ärzte können nichts mehr tun, um Maryanne zu heilen. Was das bedeutet, ist allen klar, auch Mark-O. Er hat sich immer besonders viel um sie gekümmert und erkundigt sich genau, wie es um sie steht. *Sieht* sie *aus* wie jemand, der bald sterben muß? Wird sie danach zurückkommen? Er wendet sich an seine Mutter und auch an die anderen Angehörigen; manchmal zu deren Verdruß, vor allem zu dem des ältesten Bruders.

Obgleich Maryanne Mark-O nun keine Geschichten mehr erzählen kann wie früher, bleibt die enge Verbindung zwischen ihnen erhalten. Er bringt ihr kleine Geschenke: einen Stein, einen Käfer, ein Kokon in einem Glas, und Maryanne lächelt ihm dankbar zu. Er pflanzt auch einen Grapefruitkern für sie in einen Blumentopf. Als er sich die Erde dafür aus dem Garten holt, fühlt er die Kälte im Boden und fragt seine Mutter, ob es Willy, dem Meerschweinchen, das dort begraben ist, etwas *ausmache,* so kalt zu liegen. Die Mutter sagt: „Nein, er fühlt nichts mehr." Nun will Mark-O wissen, ob das mit Maryanne auch so sein wird, und erhält eine ehrliche Antwort. Auf diese Weise erfährt er etwas über das Wesen des Todes und ahnt voraus, was wirklich geschehen wird, auch den bevorstehenden Schmerz.

Als sich die Familie am Nachmittag vor Maryannes Tod in ihrem Zimmer versammelt, wird die fast unerträgliche Anspannung ein wenig gelockert durch den Anblick eines weißen Schmetterlings, der durch das geöffnete Fenster davonfliegt. Es ist der Falter, der aus dem von Mark-O gefundenen Kokon ausgeschlüpft ist.

Als der Junge die Leiche seiner Schwester im Sarg sieht, hält er wie sein älterer Bruder die Tränen zurück, läßt ihnen aber freien Lauf, als er im Bett liegt. Wie die übrigen möchte er am liebsten nichts essen, nicht reden; er möchte auch nicht an der Beerdigung teilnehmen. „Am liebsten würde ich fortlaufen", sagt er, aber er geht doch mit und legt wie die anderen eine Rose auf den Sarg.

Noch tagelang meint er, Maryanne müsse zurückkommen, und er hört nicht auf, Fragen zu stellen. Dann endlich geschieht etwas, das ihn beruhigt und tröstet. Der Grapefruitkern beginnt zu keimen, und es entwickelt sich ein kleiner Baum, den er den „Maryanne-Baum" nennt. Und noch etwas hilft ihm in diesen schweren, traurigen Wochen, die ihm endlos erscheinen: in Erinnerung an die Schwester malt er mit Liebe und Sorgfalt das Bild des weißen Falters, das die Familie, seine gleichnishafte Bedeutung sehr wohl erkennend, gebührend bewundert. Es macht ihn traurig und froh zugleich.

In der angeführten Geschichte ist die Verbundenheit von Bruder und Schwester besonders eng. Das ist bei Geschwistern nicht immer der Fall, obwohl sie doch zusammen aufwachsen und vieles miteinander teilen. Oft ist das Verhältnis bestimmt durch die Stellung in der Geschwisterreihe und getrübt durch Rivalitäten im Alltagsleben. Stirbt eines von ihnen, leiden Bruder oder Schwester nicht selten unter dem Widerstreit ihrer Gefühle. Das trifft besonders für Zwillinge zu; der Tod des einen hat meistens eine tiefgreifende Wirkung auf den anderen.

Eindrucksvoll erzählt Ilse-Margret Vogel[20] das Beispiel von den achtjährigen Zwillingen Erika und Inge. Sie haben gemeinsame Interessen und den gleichen Geschmack, tauschen ihre Sachen, kehren ihre Ähnlichkeit heraus und nutzen sie zu ihrem Vorteil, meist allerdings zugunsten von Erika. Manchmal gibt diese sogar damit an, die „Ältere" zu sein. Schließlich läßt sich Inge, die sich über Erikas Herrschsucht ärgert, zu dem Ausspruch hinreißen: „Ich wollte, du wärest tot." Bald darauf wird Erika krank und stirbt. Zuerst gefällt es Inge sehr, nun die *einzige* zu sein; sie gewinnt an Selbstsicherheit und freut sich an dem zusätzlichen Besitz von Erikas Spielsachen. Bald aber weicht dieses Gefühl dem viel stärkeren des Verlustes. Sie vermißt ihre Schwester schmerzlich, und der böse Ausspruch, mit dem sie ihr den Tod gewünscht hat, belastet ihr Gewissen schwer. Erschrocken über die Macht ihrer schlimmen Gedanken – so stellt sich ihr das Geschehene dar – findet sie endlich den Mut, sich ihrer Mutter anzuvertrauen. Nun ist sie mit ihrem Kummer nicht mehr allein; und nachdem sie der Mutter geholfen hat, Erikas Bett auf den Dachboden zu schaffen, gewinnt sie ihre Lebensfreude zurück und kann ohne Schuld- und Reuegefühle an ihre Schwester denken.

Stirbt eines der Geschwister, so kann das Kind mit Hilfe der Eltern, bei denen es Liebe und Trost findet, das Erlebnis verarbeiten. Anders verhält es sich jedoch, wenn ein jüngeres Kind den denkbar größten Verlust erleidet, den Tod eines Elternteils.

Eda LeShan[21], eine bekannte Erzieherin und Familienberaterin, spricht mit solchen Kindern offen und nichts verharmlosend. Sie berichtet von der Erstarrung, der Ungläubigkeit, der Angst, dem Zorn, der Verwirrung; sie erzählt davon in einer ganz und gar aufrichtigen und sehr mitfühlenden Weise. Sie macht den Leser darauf aufmerksam, wie wichtig es ist, diese Gefühle zu erkennen und aussprechen zu lassen (anstatt die Kinder zu ermahnen, tapfer zu sein), weil sie dann eher wieder imstande sind, ihren gewohnten Beschäftigungen nachzugehen und Anforderungen zu erfüllen. Trauer kann nicht willkürlich beendet werden, und es braucht unter Umständen sehr lange, bis sie überwunden ist. Die Autorin verkennt nicht die Schwierigkeiten, während dieser Zeit an das Kind „heranzukommen", und weist auf die Hilfe hin, die Verwandte dabei leisten können. Vor allem soll das Kind teilnehmen an allem, was zum Andenken des Toten getan wird.

Am Ende des Buches schreibt sie von Liz. Als das Kind mit Angehörigen und nahen Freunden das Grab seines Vaters besucht, schlägt es dort ein Rad. Zu seinen Lebzeiten hat es ihm damit oft eine Freude gemacht. Nach Wochen der Trübsal und der Tatenlosigkeit ist Liz schließlich fähig, ungezwungen etwas zu tun, das sie mit dem Toten verbindet.

Ein anderes kleines Mädchen, das beim Begräbnis seines Vaters wie die Großen eine Handvoll Erde auf den Sarg werfen will, wird durch die Mutter zunächst davon abgehalten, weil diese fürchtet,es werde das Kind zu sehr aufregen; endlich läßt sie es aber doch zu. So traurig und bedrückend das Ganze ist, gibt es der Kleinen doch das Gefühl, dazuzugehören und als ebenbürtiges Mitglied an einer notwendigen Handlung teilzunehmen. Als die Mutter dies später erkennt, ist sie dankbar, ihre Jüngste von der Beerdigung nicht ausgeschlossen zu haben.

Als 1976 die Urgroßmutter Proctor im Alter von neunundneunzig Jahren stirbt, versammeln sich drei Generationen an ihrem Grab. Die Urenkel legen nach dem Willen des ältesten jeder eine Rose auf ihren Sarg. Am meisten beeindruckt ist der sechsjährige Carl. Da die Urgroßmutter so alt war und über viele Leiden zu klagen gehabt hatte, war der Tod nicht unerwartet gekommen. Bei der anschließenden Trauerfeier werden zahlreiche Erinnerungen an die Verstorbene wach, fast jeder weiß eine Begebenheit aus ihrem Leben zu erzählen. Carl ist fasziniert. Auch er könnte etwas berichten, und alle würden ihm zuhören!

Sein Großvater jedoch ahnt, was er im Sinn hat, und bringt ihn mit Nachdruck von seinem Vorhaben ab. Er zweifelt nicht an der Ernsthaftigkeit und der guten Absicht seines Enkels; was in seinen Augen die Sache fragwürdig macht, ist die Gefahr, Carls freimütige Äußerungen könnten denn doch unpassend sein. Immerhin wäre es auch möglich gewesen, daß das Kind etwas Wesentliches und durchaus Treffendes beizutragen gehabt hätte.

Der Tod eines sehr alten Menschen, der dreizehn Urenkel hinterläßt und ein erfülltes Leben hatte, ist ein natürliches und friedliches Geschehnis, in unserer Zeit medizinischen Fortschritts nicht ungewöhnlich. Aber ebenso häufig müssen wir uns in einer technisierten, von Gewalttätigkeit erschütterten Welt mit einem unnatürlichen, vorzeitigen und tragischen Ende abfinden, wodurch ein Kind manchmal nicht nur eines, sondern gleich beider Elternteile beraubt wird. Über solch ein Erlebnis zu sprechen ist schwer, selbst wenn Jahrzehnte darüber vergangen sind.

Es ist schwer für mich, über den Tod meiner eigenen Eltern zu schreiben, die in den zwanziger Jahren, während der russischen Revolution, von antisemitischen Konterrevolutionären in einem ukrainischen Dorf ermordet wurden. Die Älteste von uns sechs Geschwistern war meine siebzehnjährige Schwester.
Es war ein Schlag, der sie so hart traf, daß sie noch heute darunter leidet.

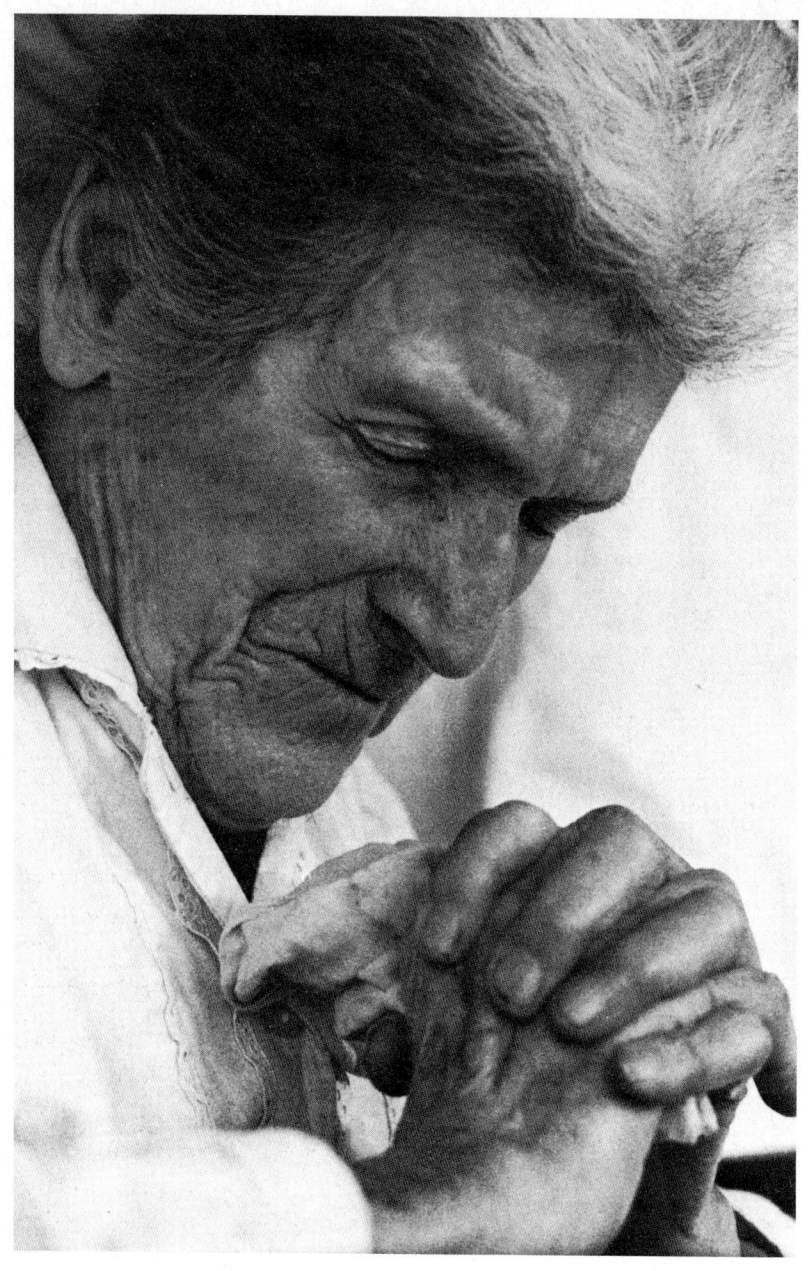

Gedanken an den Tod

Unmittelbar nach der Tragödie übernahm sie, standhaft und tapfer, die Führung der Familie, nachdem sie sich mit einem Onkel, der unser Vormund wurde, wegen der praktischen Angelegenheiten beraten hatte. Sie war beherrscht und versuchte mit den jüngeren Geschwistern fröhlich und unbefangen umzugehen. Nur in der Nacht weinte sie. Sie erinnert sich, das Geschehene später niemals erwähnt zu haben. Aber noch jetzt, als über Siebzigjährige, denkt sie, sobald Schwierigkeiten oder Kümmernisse auftreten, daran zurück. „Aber ich will mich nicht an *alles* erinnern", sagt sie, „es ist zu schrecklich. Die Wunde ist nicht verheilt und wird es auch nie sein."

Bedrückt von unausgesprochenen Gefühlen, überfordert durch die Anstrengung, gelassen zu erscheinen, hatte sie sich doch das natürliche Bedürfnis zu klagen versagt, hatte sich nicht den Trost gestattet, mit den Geschwistern zu sprechen und das Leid mit ihnen oder den Verwandten zu teilen.

Ich war, als meine Eltern starben, etwa zwölf Jahre alt. Mein erstes und stärkstes Gefühl war *Unglaube,* daß es geschehen sein könnte. Um meinem Schmerz zu entrinnen, schuf ich mir tagsüber eine Fantasiewelt und klammerte mich an nächtliche Träume, in denen meine Eltern noch lebten. In jener Zeit wünschte ich mir mehr als alles andere, in der Nähe meiner großen Schwester zu sein, die ich immer bewundert hatte, doch war sie mir nicht erreichbar.

Man hatte mir nicht erlaubt, zum Begräbnis zu gehen, und ich war verstört und verzweifelt. Ich sehnte mich danach, das zu sehen, was von meinen Eltern übriggeblieben war; ich verlangte den Beweis, daß sie wirklich tot waren. Aber meine Schwester hatte unseren Onkel davon überzeugt, daß es für Kinder nicht gut sei, an der Beerdigung und der Trauerfeier von Angehörigen teilzunehmen, sie selber eingeschlossen; sie behauptete, es sei falsch, sich mit dem tragischen Ereignis auseinanderzusetzen und damit leben zu wollen. Ich fühlte mich unverstanden und alleingelassen; mein Herz war voller Trauer, meine Gedanken kreisten unablässig um den furchtbaren Tod und konnten sich von den Eltern nicht lösen. Ich wollte mich auch nicht von den zwei jüngeren Brüdern und den kleinen Zwillingsschwestern trennen. Als man sie in einem Kinderheim unterbrachte, wünschte ich, ihnen folgen zu können; sie fehlten mir so sehr, doch war ich machtlos und noch einsamer als vorher. Da ich aber immer bestrebt war, meiner älteren Schwester nachzueifern, gab ich mir Mühe, während des Tages so stark zu sein wie sie. Umso mehr weinte ich des Nachts.

Ganz allmählich begann ich den Pflichten im Hause meiner Verwandten nachzukommen und, durch meine Schwester ermutigt, die Anforderungen zu erfüllen, die die neue Schule an mich stellte. Einige Jahre später war ich, ohne viel nachzudenken, bereit, mich der Familie meines Onkels anzuschließen und mit ihnen und den sechs Jahre alten Zwillingen in die USA auszuwandern.

Bald war ich völlig in Anspruch genommen durch die überlange Reise mit ihren ermüdenden Verzögerungen und durch die aufregende Begegnung mit der neuen Welt. Die Notwendigkeit, Englisch zu lernen und sich schnell einzuleben, verdrängte die lastende Traurigkeit. Heute bin ich erfüllt von freundlichen Erinnerungen an die Liebe meiner Eltern, ihre Fürsorge und das schöne Familienleben, das wir vor ihrem Tode hatten.

Zurückschauend muß ich sagen, daß das Geschehene sicher weniger schmerzlich und weniger schwer zu ertragen gewesen wäre, wenn ich beim Begräbnis hätte dabeisein dürfen; wenn ich meine Gefühle jemandem hätte mitteilen können, anstatt um jeden Preis zu versuchen, die Fassung zu bewahren. Jene Monate und Jahre unausgesprochenen Kummers, der meine jugendliche Tatkraft lähmte, hätten nicht sein müssen. Doch ich überstand sie und sammelte wieder Kraft, um Leben und Arbeit fortzusetzen. Meine Schwester glaubt, daß sie als Älteste am meisten litt, während wir, die Jüngeren, den Schmerz doch leichter überwunden hätten. Vielleicht. Das Alter spielt sicher eine Rolle, aber nicht die einzige.

Liest man Mary McCarthy's Beschreibung ihrer Kindheit[22], so ist es ermutigend zu entdecken, wie anpassungsfähig, geschickt und zäh Kinder sein können, wenn es heißt, sich nach dem Tode der Eltern in einer völlig fremden und ungewohnten Umgebung zurechtzufinden.

Während der Grippe-Epidemie im Jahre 1918 reiste die Familie mit dem Zug von Seattle, ihrem Wohnort, zu den Großeltern nach Minneapolis. Vater und Mutter, die unterwegs erkrankt waren, starben dort innerhalb weniger Tage. Den vier kleinen Kindern, der sechsjährigen Mary und ihren drei jüngeren Brüdern, verschwieg man den Tod. Man sagte ihnen stattdessen, die Eltern befänden sich im Krankenhaus, wo sie gesundgepflegt würden. Nach Wochen vergeblichen, bangen Wartens kamen die Kinder zu dem Schluß, daß Vater und Mutter gestorben sein müßten. „Mein Herz war ganz gefühllos geworden", schreibt Frau McCarthy, und obwohl sie sicher war, die Wahrheit zu

Friede

kennen, sprach sie doch zu niemandem darüber und verleugnete sie auch vor sich selber, „denn ich wollte einfach nichts damit zu tun haben."[23]

Die Autorin vergegenwärtigt sich diesen Zeitraum und kommt zu dem Schluß, daß die Nöte der Kinder sich nicht nur direkt aus dem Verlust der Eltern herleiteten, sondern vor allem aus der dadurch bedingten, tiefgreifenden Veränderung des Gewohnten. Der plötzliche Übergang von einem Leben voller Frohsinn und Zärtlichkeit zu einem Dasein, das durch strenge Disziplin, erdrückenden Gerechtigkeitssinn und Herablassung den Kindern gegenüber bestimmt wurde, führte zu einem neuen Selbstverständnis – das Bild des „Waisenkindes" formte sich in ihren Köpfen, ohne daß sie es hätten benennen können.

Mary sehnte sich nach Liebe und Zuwendung; bei allen Verwandten suchte sie sie zu erlangen, bei den christlichen Großeltern ebenso wie bei der jüdischen Großmutter. Den größten Teil ihrer Kraft mußte sie aufwenden, um mit zahllosen Einschränkungen und Entbehrungen fertigzuwerden. Daß man sie und ihre Geschwister im dunkeln ließ über das Schicksal ihrer Eltern, war sicher eine unnötige zusätzliche Belastung in ihrer unglücklichen Lage.

Mehr noch als Erwachsene möchten Kinder alles *erforschen* und den Dingen auf den Grund gehen. Sie sind mit großer Wißbegier ausgestattet, mit Beobachtungsgabe und einer erstaunlichen Merkfähigkeit für prägnante Einzelheiten. Dies wird von Schriftstellern oft überzeugend dargestellt.

Einen Tag nachdem sein Vater bei einem Autounfall stirbt, schleicht sich Rufus aus dem Haus, um mit jemandem die technischen Einzelheiten zu erörtern, die genaue Position und den Zustand des Wagens, wobei er sich der Beachtung, die der Unfall findet, und seiner eigenen beneidenswerten Rolle als Berichterstatter ganz bewußt ist. Er bemüht sich, *alles,* was mit dem Tod des Vaters zusammenhängt, herauszufinden und zu verstehen.

Überdeutlich nimmt er wahr, wie still die Menschen werden, wenn sie an die Leiche herantreten; er fühlt, daß die befremdliche Stellung, in der der Vater daliegt, endgültig ist. Er sieht folgendes:

● „Die Arme waren gebeugt. Aus den gestärkten Manschetten unter den Ärmeln des dunklen Anzugs ragten die behaarten Handgelenke hervor.

Die Handgelenke waren angewinkelt; die Hände waren gekrümmt; die Finger berührten sich nicht.

Die Handhaltung wirkte zufällig und majestätisch zugleich.

Die Hände erhoben sich genau über der Mitte des Körpers.

Die Finger sahen ungewöhnlich sauber und trocken aus, als ob sie sorgfältig gebürstet worden wären.

Die Hände sahen sehr kräftig aus, und die Adern traten deutlich hervor.

Die Nasenlöcher waren sehr dunkel, trotzdem glaubte man in dem einen so etwas wie weiße Watte zu sehen . . .

Das Haar war sorgfältig gekämmt.

Die Augen waren friedlich und wie zufällig geschlossen, die Lider wie Seide über den Augäpfeln; und als Rufus von den Augen hinunter auf den Mund blickte, schien es fast, als ob der Vater lächeln wolle. Doch war es kein eigentliches Lächeln; auch keine Strenge – nur Stärke, Schweigen, Männlichkeit und unbeteiligte Zufriedenheit.

Er sah den Vater viel deutlicher als er ihn je zuvor gesehen hatte, doch schien sein Gesicht unwirklicher, wie frisch rasiert. Der ganze Kopf war

wächsern, und auch die Hände sahen aus, als seien sie aus Wachs gemacht.
Der Kopf lag auf einem weißen Seidenkissen.

Ein unbestimmbarer, seltsamer Geruch lag in der Luft, wie frisches Heu, oder wie im Krankenhaus, aber weder ganz das eine noch ganz das andere, und so schwach, daß man kaum glauben konnte, er sei wirklich vorhanden."[24]

Rufus betrachtete nicht nur die Leiche, sondern nahm mit aufs höchste angespannten Sinnen alles wahr, was den Tod des Vaters betraf. Das half ihm, sich mit der unabänderlichen Tatsache abzufinden.

Einen geliebten Verwandten nicht mehr am Leben zu wissen ist erschreckend und beängstigend, aber Kinder können leichter damit fertigwerden, wenn man ihnen den Zugang zu dem Toten nicht verwehrt und der Frage, was nachher mit ihm geschieht, nicht ausweicht. Sonst besteht die Gefahr, daß sie sich den Anblick einer Leiche und den Akt der Bestattung viel grausiger ausmalen als sie in Wirklichkeit sind.

Eda LeShan[25] berichtet von dem quälenden Erlebnis des siebenjährigen Allen, das man ihm hätte ersparen können.
Allen wußte, daß seine Mutter ein Baby erwartete und er bald einen kleinen Bruder oder eine Schwester haben würde. Aber die Geburt erfolgte zu früh; das Baby starb einige Stunden später und wurde ohne Trauerfeier eingeäschert. Nach der Rückkehr der Mutter aus der Klinik erzählten die Eltern Allen, daß das Baby zu klein und zu schwach gewesen sei, um am Leben zu bleiben. Der Junge *hätte gern gewußt,* was man mit ihm gemacht hatte und wo es jetzt war, aber er war zu schüchtern, um zu fragen. Vielleicht fühlte er sogar, daß seine Mutter mit der Antwort gezögert hätte. Als Folge davon entwickelte Allan mancherlei Ängste, darunter auch die, Schranktüren und Schubfächer zu öffnen. Als man einen Psychologen zu Rate zog, gestand Allen seine Furcht, das tote Baby sei irgendwo im Hause und er könne zufällig darauf stoßen. Mit Hilfe des Arztes und der verständnisvollen Eltern konnte Allen seine Ängste bald überwinden.
Das Beispiel zeigt deutlich, daß es für sein seelisches Gleichgewicht notwendig war, ihn über den Verbleib des Babys aufzuklären.

Wenn ein Kind nichts über den Tod weiß, vergrößert sich auch die Gefahr, daß es einen im Zusammenhang damit gebräuchlichen Ausdruck falsch deutet, und es kann zu schwerwiegenden Mißverständnissen kommen. Hören die Kinder z. B. von einer Frau, die ihre Tochter *verloren* hat, oder von jemandem, der *heimgegangen* oder *verblichen* ist, der *das Zeitliche gesegnet hat* oder *abberufen wurde,* so führt das oft zu irrigen Vorstellungen; vor allem die Redensart, jemand sei *eingeschlafen* (für *gestorben*) kann sich unheilvoll auswirken. Viele Eltern sehen in dieser Umschreibung eine Möglichkeit, sich der direkten und ehrlichen Beantwortung der kindlichen Fragen zu entziehen, und sprechen vom Tod als einem *langen Schlaf* oder einem Zustand, der *so ähnlich wie Schlafen* ist.

Es ist leicht einzusehen, daß eine solche Auslegung durch den Erwachsenen, den das Kind für allwissend hält, nicht geeignet ist, sein Vertrauen zu stärken. Wie Psychiater berichten, führt die Vorstellung bei manchen Kindern zu einer Weigerung, ins Bett zu gehen, aus Furcht, sie würden am nächsten Morgen nicht mehr aufwachen. In einzelnen Fällen erzeugt sie so tiefliegende Ängste, daß eine psychologische Behandlung erforderlich wird. – Nur wo die Definition des Todes entsprechend dem Weltbild bzw. der Religion der betreffenden Familie eine

Schleudersitz: Wo ist der Pilot?

andere als die hier zugrunde gelegte ist, richtet u. E. die Gleichsetzung von Tod und Schlaf keinen Schaden an.

Unser Blickfeld wird erweitert und das Gefühl der Verbundenheit mit Menschen anderer Rassen und Herkunft verstärkt, wenn wir vom Leben der Kinder in fremden Ländern und anderen Kulturbereichen lesen. Pearl S. Buck[26] erzählt in einem ihrer Bücher sehr anschaulich von dem japanischen Fischerjungen Jiya, dessen Heimatdorf durch eine große Flutwelle zerstört wird und der dabei sein Zuhause und seine Eltern verliert. Er wird von der Familie seines Freundes Kino gerettet, Bauern, die oberhalb des Strandes wohnen. Nach japanischer Sitte nimmt Kinos Vater sich des Jungen gütig an, als wäre er sein Sohn. Er bedeutet der Familie, Jiya, der sich zunächst seiner Umgebung gegenüber völlig teilnahmslos verhält, seiner Trauer und seinen Tränen zu überlassen. Er drängt Jiya nicht, zu essen oder zu spielen, bis dieser es aus eigenem Antrieb tut. Als er die erste Mahlzeit mit der Familie eingenommen hat, weiß der Vater, daß „Körper und Seele des Jungen jetzt gesunden werden." Nach und nach zeigt Jiya sich aufgeschlossen für die Freundlichkeiten der Familie, für Kinos Unternehmungen und für die Einfälle von dessen munterer kleiner Schwester. Sein Lebenswille kehrt zurück.

In seltenen Fällen kommt es vor, daß ein Kind ganz ohne Verwandte zurückbleibt oder daß ihm zu Hause die Möglichkeit fehlt, sich jemandem anzuvertrauen. Wenn es dann auch keine Bekannten oder Freunde der Familie gibt, die sich seiner annehmen, können Schule oder Kindergarten vielleicht einspringen. Auf jeden Fall sollten sich Lehrer und Erzieher bewußt sein, daß Kinder in einer solchen Notlage unbedingt die Verbindung mit einem Menschen brauchen, der ihnen nahesteht, und daß ein ruhiges Zuhören, ein befreiendes Gespräch unter Umständen von großer Wichtigkeit sind.

In unserer Zeit leben und sterben viele Menschen nicht mehr in ihrer gewohnten Umgebung inmitten ihrer Angehörigen. Jede Familie löst heute das Problem auf individuelle Weise, entsprechend ihrer inneren Einstellung, den äußeren Gegebenheiten und ihrem Glauben.

Wie ein altersschwacher, kranker Mann bis zu seinem Tode von den Angehörigen umsorgt und akzeptiert wird, statt in einem Heim untergebracht zu werden, schildert ein ungewöhnliches, dokumentarisches Buch von Mark und Dan Jury.[27] Die Pflege des Alten teilen sich seine Frau, seine Tochter, die beiden Enkelsöhne, die Frau des einen und die Urgroßenkelin Hillary. So vergehen mehrere Jahre, ohne daß eine nennenswerte Verschlechterung seines Zustandes eintritt. Trotzdem beschließt der Großvater eines Tages, dieses mühevolle Leben aufzugeben. Er nimmt seine falschen Zähne heraus, als wolle er sagen: „Schluß jetzt mit dem Unfug", und gibt bekannt, daß er von nun an nichts mehr essen und trinken wird. Er hält Wort. Die Familie achtet seinen Wunsch, und drei Wochen später stirbt er.

Dies alles wird mit großer Aufrichtigkeit hervorragend dargestellt, belegt durch Aufzeichnungen, Tonbandaufnahmen und Fotos. Der Bericht zeigt, wie alle an den notwendigen Verrichtungen beteiligt sind, einschließlich der gelegentlich unangenehmen Pflichten, wenn der Urgroßvater die Beherrschung verliert oder sie sich mit seinem Eigensinn und den altersbedingten Ungereimtheiten auseinandersetzen müssen. Er gehört zur Tischrunde, auch wenn das nicht immer ohne Peinlichkeiten abgeht: so reicht er der Hausfrau sein Gebiß, damit sie ihm Butter draufstreicht. Die dreijährige Hillary (beim Tode des Urgroßvaters war sie fünf Jahre alt) interessiert das alles sehr; sie scheint wie alle andern zu verstehen, was mit Großi los ist. Als ihre Mutter ihn kämmt, sagt sie: „Er ist so alt; er hat vergessen, es selber zu machen." Sie hält seine Hand und findet ihn liebenswert. Die Autoren erzählen:

● In den Monaten nach Großvaters Tod hatten wir ein wachsames Auge auf das Kind, um zu sehen, ob sie durch das Erlebte Schaden genommen hätte. Wir konnten aber nichts entdecken. Heute akzeptiert sie die Vorgänge des Alterns und des Sterbens mit einer Bereitwilligkeit, um die sie alle diejenigen beneiden, in deren eigener Kindheit diese Dinge von Geheimnis und Tabus umgeben waren.

Was Hillary besonders im Gedächtnis geblieben ist und worüber sie oft spricht, sind die Gestalten, die Opa bei uns eingeführt hat: *Zitterlinge, Hornkringel, Rupfer* und *Siebenpunkt*.

„Wie kommt es, daß du dich an diese Fabelwesen so gut erinnerst?", fragte ich sie eines Tages.

„Es sind keine Fabelwesen", gab sie mit Überzeugung zurück, „sie sind nicht erfunden, sie sind wirklich." Und in verschwörerischem Ton vertraute sie mir an: „Sie wohnen jetzt in unserm Haus. Sie haben sich mit

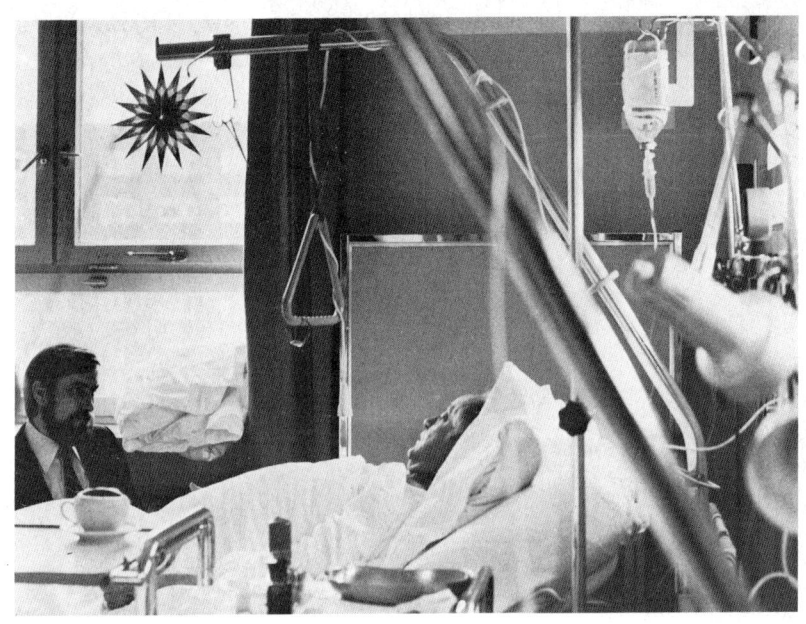

Intensivstation

Schnüren aneinandergebunden und haben sich in ein Mobile in meinem Zimmer verwandelt. Wie Fische sehen sie jetzt aus. Sie erinnern mich an Opa."[28]

Bei der unmittelbaren Begegnung mit Alterserscheinungen und Tod bewies Hillary nicht nur Sinn für die Realität und Widerstandsfähigkeit, sie reagierte gleichzeitig mit bezaubernder, ihrem Alter gemäßer Einbildungskraft – ein Vorteil, den Kinder Erwachsenen gegenüber haben.

Drei- bis Fünfjährige können manchmal „aus blauer Luft" die Eltern oder Erzieher mit einer den Tod betreffenden Äußerung in Verwirrung bringen, ohne daß ein unmittelbarer Anlaß vorliegt. Als meine Tochter vier Jahre alt war, erschreckte sie mich mit der Frage: „Wann stirbst du, Mutter?" „Ich denke, wenn ich sehr alt bin", entgegnete ich, nachdem ich meine Fassung wiedererlangt hatte. „Aber wer sorgt dann für mich?" Diesmal schwang eine leichte Beunruhigung in ihrer Stimme mit. „Nun, dann bist du ja schon groß genug, um für dich selber zu sor-

67

gen", antwortete ich erleichtert. „Ach so!" Weitere Worte waren überflüssig, das ging deutlich aus dem Ton hervor, in dem dieses „Ach so!" herauskam. Alles, was sie brauchte, war die Sicherheit, daß jemand sich um sie kümmern würde. Ihre Eingangsfrage mag herzlos scheinen, wie es für einen berechnenden Erwachsenen zuträfe, der an sein Erbteil denkt; für ein kleines Kind ist es ein natürliches, dringliches Anliegen, sich Gewißheit zu verschaffen.

Um die Reaktionen eines Kindes auf den Tod eines Familienmitgliedes zu verstehen und ihm Hilfe anbieten zu können, müssen wir versuchen, im Gespräch seinen Bewußtseinsstand auszumachen und zu erkennen, was seine Ängste sind und wie es sie abzuwehren trachtet. Dazu ein Beispiel:
Der vierjährige George hörte, daß alte Leute schließlich sterben. Etwas später erwähnte der Vater beiläufig und im Scherz, er merke nun auch, daß er „älter werde". Als er bald darauf seinen vierzigsten Geburtstag feierte, bestand George darauf, er sei zwanzig Jahre jünger. „Aber warum sollte Vati denn erst zwanzig sein?", fragte seine Mutter. „Dann würde er nicht so schnell sterben", erwiderte der Junge ernsthaft.
Der Wunsch, die Eltern möchten nicht altern, damit der Zeitpunkt ihres Todes in eine unbestimmte Ferne rückt, ist weit verbreitet; in der Vorstellung, der Betreffende habe noch viele Jahre vor sich, liegt nicht nur für Kinder ein großer Trost.

Kornei Chukovsky[29], der kürzlich verstorbene russische Kinderbuchautor, bekannt durch seine Veröffentlichungen über das Kindesalter, glaubt, daß „Optimismus so lebenswichtig für das Kind ist wie die Luft, die es atmet", und daß der Tod ein zu schrecklicher Schlag ist, als daß Kinder das Wissen darum ertragen könnten. Deshalb seien Jüngere unermüdlich und höchst erfinderisch in ihrer Suche nach einem wirkungsvollen Schutz gegen den Tod für sich und für die, die sie lieben. Chukovsky veranschaulicht seine Auffassung mit authentischen Kinderzitaten:

● Ein Junge, ungefähr viereinhalb, sah vom Busfenster aus einen Trauerzug und sagte mit großem Ernst: „Alle müssen sterben, und ich bleibe übrig."
„Mutter", sagte die vierjährige Anka, „alle Menschen müssen sterben. Aber irgendjemand muß ja die Urne mit der Asche des letzten Menschen irgendwo hinstellen. Kann ich das machen, ja?"

Alik Babenisher ersann ein gutes Mittel, den Tod seiner Mutter aufzuschieben:

„Mammie, jetzt weiß ich was! Du ißt Joghurt, morgens und abends, und ich esse keinen. Dann sterben wir beide zur gleichen Zeit."
Dieser kleine Junge hatte im Radio einen Vortrag über gesunde Ernährung gehört, in dem u. a. Joghurt als lebensverlängernd erwähnt wurde. Alenushka versuchte die Eltern und die Großmutter zu überreden, nicht eher zu sterben, als bis sie erwachsen sei und eine Medizin gegen Alter und Tod gefunden habe. „Es muß überhaupt keinen Tod in der Welt geben."[30]
Die russischen Kinder, die Chukovsky anführt, und auch Annie, das Indianermädchen, George und die früher erwähnten kleinen Jungen im Kindergarten, sie alle versuchen zu verleugnen, womit sie nicht fertigwerden können. Viele Kinder möchten den eigenen Tod und den ihrer Angehörigen zurückweisen.

Sylvia Anthony[31] kommt aufgrund ausgedehnter Studien zu dem Schluß, daß, wenn ein Kind diesbezüglich übergroße Ängste an den Tag legt, der Erwachsene dem vorübergehend Rechnung tragen müsse, indem er ihm versichert: „Du brauchst nicht zu sterben." Auf diese Weise komme das Kind zur Ruhe, es könne Kräfte sammeln, um sich positiv zu seiner Umgebung einzustellen und sich *später* mit der Realität abzufinden.

Chukovsky hingegen meint, daß wir für eine gewisse Zeit *allen* Kindern die Wahrheit vorenthalten und ihnen die Beunruhigung ersparen sollten, indem wir ihrem Optimismus Nahrung geben, unter bewußter Verhehlung der Tatsachen. Moderne Forschungsergebnisse zeigen aber, daß man – natürlich behutsam und unter Berücksichtigung des kindlichen Bedürfnisses nach Schutz und Sicherheit – selbst mit den Jüngsten aufrichtig sein muß. Nur so kann sich eine vertrauensvolle Beziehung zwischen Kind und Erwachsenem entwickeln, können unheilvolle Mißverständnisse ausgeräumt, falsche Vorstellungen korrigiert werden. Ferner ist es nötig, daß die Erwachsenen ihr Verhältnis zum Tod überprüfen, denn „die Anerkennung des Todes ist eine wesentliche Komponente einer reifen Persönlichkeit."[32] Wir versagen den Kindern nicht den Schutz, aber wir verunsichern sie nicht durch Beschönigungen wie: Tod bedeutet *einschlafen* oder *fortgehen*.[33] Wir kommen dem Verlangen der Kinder nach, die Wahrheit über den Tod zu erfahren; wir sind uns ihrer Unreife, aber auch ihrer Stärke und ihres Menschseins bewußt.

Verunglückte Schulkinder

Trotz des bis in die Gegenwart reichenden Tabus in bezug auf den Tod als Gegenstand öffentlicher Diskussionen oder als Teil der Erziehung ist das Thema Eltern immer wichtig gewesen.

Folgende Aufzeichnung machte ich schon in den fünfziger Jahren:

● Als bei einem Elternabend einer der Anwesenden die Rede auf den Tod brachte, wollten die übrigen wissen, wie man in der richtigen Weise mit den Kindern darüber sprechen solle, ohne sie zu schockieren. Alle waren sich darüber einig, daß man nicht schweigen dürfe, da man, wie eine Mutter sich ausdrückte, „vor Kindern sowieso nichts verbergen könne". Dann erzählte jemand, was er kürzlich erlebt hatte. Der Großvater der viereinhalbjährigen Mary, der in der Nähe gewohnt und den das Kind gut gekannt hatte, war gestorben, und die Mutter wußte zunächst nicht, was sie ihr sagen sollte. Schließlich, als Mary beharrlich nach ihm fragte, entschloß sie sich, wahrheitsgemäß zu antworten. Sie stellte fest, daß sie das Kind damit keineswegs in Aufregung versetzte, es wurde nur nachdenklich und auch traurig. Dann sprach es aus, was die Mutter empfand: „Dies ist der traurigste Tag meines Lebens", und obwohl der Schmerz blieb, fühlte sie sich getröstet in dem Gedanken, daß jetzt, da Mary das Wissen um den Tod mit ihr teilte, nichts zwischen ihnen stand, was das Vertrauen des Kindes hätte erschüttern können.

6.
„Wer war deine Mami?"

Erinnerungen an Verstorbene

Wohin wir auch blicken, überall werden wir an Menschen erinnert, die nicht mehr unter uns sind. Wir benennen Bauwerke, Straßen, Anlagen und Plätze nach berühmten Leuten und bemühen uns, ihre Häuser zu erhalten. Wir errichten ihnen Denkmäler und feiern Gedenktage. Wir übernehmen Sitten und Gebräuche vergangener Geschlechter, aber auch unserer persönlichen Vorfahren. Das spielt bei der Gestaltung unseres täglichen Lebens vielleicht keine sehr große Rolle, macht aber doch einen Teil davon aus.

Zwar geht das meiste über das Verständnis vor allem der jüngeren Kinder hinaus, doch wachsen sie in der Familie und in der Schule langsam in diese Traditionen hinein und entwickeln ein Gefühl für diese Werte, wenn sie in der richtigen Weise dazu angehalten werden. Schon früh erfassen Kinder die Bedeutung von Namen, zunächst die ihrer eigenen. Der Name ist gleichbedeutend mit der eigenen Person, macht sie einzigartig. Sobald sie die ersten Buchstaben malen können, schreiben sie ihn auf jede verfügbare Fläche. Oft ist der Name, auf den die Eltern sich geeinigt haben, zufällig ausgewählt, nach unterschiedlichen Kriterien; manchmal wird ein Kind aber auch nach Verwandten oder Vorfahren benannt. Sobald Kindern dieses bewußt wird, sind sie davon sehr angetan. Man kann ihnen auch erzählen, daß in einigen Ländern, wie z. B. in Rußland, die Kinder außer ihrem eigenen den Vornamen ihres Vaters tragen, und daß in Skandinavien daraus durch Anhängen der Silbe -son oder -sen der Familienname gebildet wurde. So hatten die Kinder zu ihrem Vater immer eine unmittelbare Verbindung, und das Zusammengehörigkeitsgefühl wurde gestärkt.

Nur schrittweise lernen die Kinder die verwandtschaftlichen Beziehungen in ihrer Familie verstehen, die sich in Form eines Stammbaumes anschaulich und einprägsam darstellen lassen. Für diejenigen, die Unterlagen und Dokumente mit entsprechenden Angaben besitzen, ist solch ein Stammbaum ein wirklicher Familienschatz, der von Generation zu Generation weitergegeben werden kann. Aber auch wenn das nicht der Fall ist, kann man mit den Kindern einen *Familienbaum* zeichnen, mit den verschiedenen Zweigen und allen Namen. Auf diese Weise werden die Kinder mit Begriffen wie Vorfahren und Nachkommen vertraut und fühlen sich eingebunden in diese Gemeinschaft.

Die eigene Familiengeschichte ist für Kinder oft von höchstem Interesse. Selbst die Jüngsten, die von ihrer Herkunft nur sehr vage Vorstellungen haben, sind fasziniert von Geschichten aus ihren ersten Lebensjahren. „Wie war das, als ich ganz klein war, ein Jahr alt? Erzähl mir, wie ich null Jahre alt war!", bettelt die sechsjährige Alice und betrachtet sich das Bild, auf dem sie als Baby zu sehen ist, mit großem Vergnügen. „Warst du auch mal ein kleines Mädchen wie ich? Wer war deine Mami?"

Für kleine Kinder ist es nicht leicht, sich die Familie auszumalen, wie sie früher war. Manchen bereitet es sogar Schwierigkeiten, die derzeitigen Verwandten wie Tanten, Onkel, Vettern, Kusinen und selbst die Großeltern richtig einzuordnen.

Ein aufgeweckter Siebenjähriger hatte das Bedürfnis, sein gerade neu erworbenes Wissen anderen mitzuteilen:

„Ich weiß jetzt! Meine *Groß*mutter ist die *Mutter* meines *Vaters*. *Das stimmt!*" Die Großmutter wohnte ganz in der Nähe und kam häufig zu Besuch.

Über die Verwandten, die nicht mehr am Leben sind, spricht man mit den Kindern am besten anhand von alten Fotos und erzählt ihnen dazu Einzelheiten und kleine Anekdoten, oder man schildert besondere Merkmale, Talente und Eigenschaften der Betreffenden. Kinder können meist nie genug davon hören.

Vielleicht macht es ihnen, wenn sie etwas älter sind, Freude, ein *Familienbuch* zusammenzustellen, das nicht nur Bilder mit kurzen Erläuterungen enthält, sondern auch einen fortlaufenden Text sowie Andenken etwa an einen gemeinsamen Ausflug, eine Reise, Festtage oder an bestimmte Personen. Oft ist es später das beliebteste und meistgelesene Buch in der Familie.

Durch Bilder in den Zeitungen, Radiomeldungen und Fernsehberichte kommen Kinder auch in Berührung mit dem Tod bekannter und berühmter Persönlichkeiten, und man sollte derartige Gelegenheiten nutzen, ihnen etwas über den Verstorbenen zu erzählen und ihre Fragen zu beantworten.

Der Tod des großen amerikanischen Künstlers Alexander Calder, der 1976 auf einer Reise nach New York plötzlich starb, machte auf die Schüler einer vierten Klasse großen Eindruck, da sie gerade eine Woche vorher mit ihrer Lehrerin die vielbeachtete Ausstellung seiner Arbeiten in New York besucht hatten und seither damit beschäftigt waren, Drahtplastiken, verspielte Mobiles, Federzeichnungen und Klexografien in der Art Calderscher Kunstwerke herzustellen.

Calder hatte sich auf dem Wege zu seiner Ausstellung befunden, und die Kinder besprachen das Ereignis am Tage nach dem Bekanntwerden. Sie sprachen darüber, daß man bei einem über Siebzigjährigen mit seinem Tode rechnen muß, daß er so viel in seinem Leben geschaffen habe und daß durch seinen Tod die Arbeiten noch mehr Beachtung finden würden als bisher. Die Kinder verstanden auch, daß anerkannte Kunst wie die von Calder weiterlebt: Die Werke werden von den nachfolgenden Generationen geschätzt, behütet, geliebt; sie werden vielen Menschen gezeigt und regen sie zu eigenen Arbeiten an.

Die Kinder sprachen auch darüber, daß der Tod nun dem Schaffen ein Ende gesetzt habe und wie traurig wohl die Familie sei. Die Lehrerin schlug vor, Beileidsbriefe an seine Frau zu schreiben. Keins der Kinder hatte je vorher einen solchen Brief verfaßt; hier bot sich nun ein Anlaß, da sie die Arbeiten Calders kennengelernt und sich mit seiner Person vertraut gemacht hatten.

Dies sind zwei der Briefe, die hier unverändert wiedergegeben werden:

Liebe Frau Calder,
es tut mir sehr leid zu hören, was Herrn Calder zugestoßen ist. Wir fanden seine Arbeiten sehr schön. Wenn wir groß sind, möchten wir auch Künstler werden. Es hätte uns gefreut, wenn Herr Calder in unsere Schule gekommen wäre und unserer Klasse eine Kunstunterrichtsstunde gegeben hätte. Mit am besten fanden wir seine Spielzeuge, Stabiles und Mobiles, Circus, Bilder und Drahtplastiken. Wir haben auch solche Drahtplastiken und Bilder gemacht, weil unsere Klasse eine Junior-Calder-Ausstellung plant und weil wir seine Sachen so gern hatten. Dies ist eins von den Bildern, das wir gemacht haben.

Viele Grüße,
Amy und Laurie, Raum 102

P. S. Bitte schreiben Sie wieder.

16. November 1976

Liebe Frau Calder,
unsere Klasse ist ins Whitney Museum gegangen, um sich Herrn
Calders Arbeiten anzusehen. Wir sahen die Uhr und noch viel mehr.
Als wir hörten, daß Herr Calder gestorben ist, um 10 Uhr, haben wir
darüber gesprochen. Und wir haben eine Ausstellung vorbereitet, die
wir die *Junior Calder Ausstellung* nennen. Wir haben dafür viele Sachen
gemacht, z. B. Autos, Leute, Gewehre, Uhren, Kaleidoskope und noch
viel viel mehr!

Viele Grüße Thomas.

Der Leser wird bemerken, wie unmittelbar und typisch die Briefe über
Calders Kunst und seinen Tod sind. Die Kinder zeigen ihre Freude über
das, was sie in der Ausstellung gesehen haben; gleichzeitig sind sie
erfüllt von der Wichtigkeit ihres eigenen Vorhabens, *ihrer* Junior-
Calder-Ausstellung.
Beileidsbriefe sind nicht leicht zu schreiben. Die Aufgabe bedeutet eine
Auseinandersetzung mit dem Tod, ruft Achtung oder Ehrerbietung
gegenüber dem Verstorbenen hervor und erfordert die Würdigung des
Verlustes für die Angehörigen. Natürlich sind sie oft nicht von literarischem Wert, aber sie sind doch immer eine persönliche Anteilsbezeu-
gung. Dies gilt in besonderem Maße für die Briefe von Kindern, die bei
dieser Gelegenheit lernen, den Hinterbliebenen Güte und Freundlich-
keit zu erweisen und eine weitere Erfahrung in der Begegnung mit dem
Tod machen.
An die verstorbenen Eltern, Großeltern und Urgroßeltern, an eine
Tante oder an einen Onkel erinnern uns vor allem die von ihnen hinter-
lassenen Gegenstände; einerlei, ob es sich um Kostbarkeiten oder etwas
von ganz persönlichem Wert handelt. Häuser, Bauernhöfe, Möbel,
Wäsche und Schmuck werden oft durch mehrere Generationen hin-
durch vererbt, und es ist schmerzlich, wenn durch unglückliche
Umstände diese Dinge verloren gehen.
Das einzige, was mir aus meinem Elternhaus blieb, ist eine Leinentisch-
decke, die meine Mutter gewebt und bestickt hat. Sie ist ein wahres
Kunstwerk und muß zu ihrer Aussteuer gehört haben, denn sie trägt
außer den Initialen auch die Jahreszahl 1901, das ist das Jahr ihrer Hoch-
zeit. Ich kann mich nicht entsinnen, daß das Tuch je in Gebrauch gewesen wäre, wohl aber sehe ich es lebhaft vor mir, wie es von Zeit zu Zeit

zum Lüften über den Zaun gehängt wurde, um dann wieder in der mottensicheren Truhe zu verschwinden. So kann ein einziges Erbstück beredtes Zeugnis ablegen vom Leben eines Menschen, das längst erloschen ist.

Kinder erkennen oft sehr schnell, daß sie durch den Tod des Eigentümers mühelos in den Besitz eines ersehnten Objekts gelangen können. Chukovsky[34] zitiert ein Vorschulkind:

„Großmutter, mußt du sterben?"
„Ja, irgendwann muß ich sterben."
„Begraben sie dich dann in einer Grube?"
"Ja, das tun sie."
„Tief?"
„Ja, ganz tief."
„Dann kann ich endlich auf deiner Nähmaschine nähen!"

Ein ganz und gar realistischer Standpunkt! Es ist nicht sein Wunsch, daß die Großmutter stirbt, sondern einfach die Überlegung, daß es dann etwas benutzen oder haben kann, was diese nicht mehr braucht. Aber daneben die Frage nach der tiefen Grube. Steckt nicht die Sorge dahinter, am Ende könne Großmama doch noch wieder herausklettern, um ihre Nähmaschine zurückzufordern? Wer weiß, wozu die Toten fähig sind!

Die fünfjährige Jennie hatte immer ihres Vaters Uhr bewundert, und eines Tages fragte sie ihn, woher er sie habe. Er erzählte ihr, er habe sie von *seinem* Vater *geerbt.* „*Geerbt?*" „Ja." Er erklärte ihr, daß Leute, die sterben, ihre Wertsachen den Kindern, Angehörigen oder Freunden vermachen. Er habe die Uhr bekommen, weil sein Vater – Jennies Großvater – gewußt habe, wie sehr er sie schätzte. Jennie verstand das, und das Gehörte setzte sich in ihrem Kopf fest. Sie liebte die klirrende Halskette ihrer Tante, die sie schon ein paarmal hatte anprobieren dürfen, und hätte sie gern gehabt. Sie war aber schon belehrt worden, daß es sich nicht gehöre, darum zu bitten, da die Tante sie ja selber trug. Doch die Kette *erben,* das war offenbar ganz etwas anderes. Als die Tante das nächste Mal zu Besuch kam, steuerte sie geradewegs auf ihr Ziel zu.
„Wenn du stirbst, Tante Linda, und ich hoffe bald, kann ich dann deine Halskette haben?"

Jennie war nicht so geduldig wie das russische Kind, das das Ableben der Großmutter nicht unbedingt beschleunigen wollte, aber gleichermaßen *praktisch* dachte. Eltern und Tante waren über diese unverblümt vorgetragene Bitte zuerst entsetzt, dann erheitert, und die Tante meinte, daß sie noch nicht die Absicht habe zu sterben und sich auch nicht von dem Schmuckstück trennen wolle. Dann machte sie dem Kind klar, warum es nicht gut sei, auf diese Art etwas erlangen zu wollen, und versprach ihm eine hübsche Halskette zu seinem Geburtstag.

Es liegt nahe, zwischen Jennies freimütiger Anfrage und den Überlegungen erwartungsvoll auf ein Erbe spekulierender Erwachsener eine Verbindung herzustellen. Das trifft für diese Familie nicht zu, doch sollten alle Eltern und Erzieher sich ihrer Rolle als Vorbild bewußt sein und Kindern bei ähnlichen Gelegenheiten die Erfahrung vermitteln, daß wertvoller und wichtiger als alle Besitztümer die Freundlichkeiten sind, die wir unsern Nächsten zu ihren Lebzeiten erweisen und die wir von ihnen empfangen.

Ein jüdischer Friedhof

Erinnerungen an Verstorbene

Das schließt nicht aus, den Kindern beim Tode eines Angehörigen, der uns als Erben eingesetzt hat, von dem Testament zu erzählen und ihnen einen besonderen Wunsch zu erfüllen. Ein Kind, das erkennt, wie jemand vor seinem Tod liebevoll an die Zurückbleibenden denkt und sich überlegt, wie er den einzelnen eine Freude machen kann, wird unweigerlich Dankbarkeit und ein noch stärkeres Gefühl der Zusammengehörigkeit empfinden als vorher, wie im Falle der kleinen Abigail, die gerade erst lesen gelernt hatte, als es ihr gelang, die Nachlaßverfügungen ihres Vaters zu entziffern, wobei sie auch auf ihren eigenen Namen stieß. Dies machte ihr einen unauslöschlichen Eindruck, wie ihre späteren Fragen und Kommentare deutlich machten.

Noch etwas soll erwähnt werden, das Vorfahren an Kinder und Enkel weitergeben, obwohl es für diese, wenn sie noch jung sind, zunächst kaum einsichtig ist: gewisse Anlagen und Talente und – leichter für sie zu verstehen – bestimmte äußerliche Merkmale wie Augen-, Haar- und Hautfarbe. Spricht man mit den Kindern darüber, so muß man darauf hinweisen, daß nicht alle Eigenschaften sich unbedingt vererben und daß manchmal dabei eine Generation übersprungen wird. Nicht alle Nachkommen eines Musikers sind musikalisch, nicht alle Geschwister haben die gleichen Neigungen. Es ist auch nicht sicher, daß z. B. ein Kind, bei dem sich in frühem Alter eine ererbte mathematische Begabung zeigt, später diese voll entfalten kann, weil vielleicht die Möglichkeit einer Ausbildung, die Unterstützung durch die Eltern oder die Ausdauer fehlten. Noch häufiger liegen künstlerische Fähigkeiten brach, da oft bei der Berufswahl andere Kriterien die entscheidende Rolle spielen und der Betreffende nicht die Zeit und die Kraft findet, sich nebenbei dem Malen oder Musizieren zu widmen.

Kehren wir noch einmal zum Ausgangspunkt unserer Betrachtungen zurück. Wir haben gesehen, daß es möglich ist, auch jüngeren Kindern bewußt zu machen, daß alle Menschen Glied in einer langen Kette sind; daß wir Sichtbares und Unsichtbares empfangen und weitergeben und daß wir ihnen etwas Wichtiges vorenthalten, wenn wir nicht die Erinnerung an die Verstorbenen wachrufen und pflegen. Lassen wir sie daran teilhaben, wird es uns nicht schwerfallen, dem Kind auf seine Fragen unsere ganz persönliche Antwort zu geben.

7.

„Alles hat einen Anfang und ein Ende"

Verschiedene Aspekte des Themas

„Alles hat einen Anfang und ein Ende", sagte mein Enkel Noel nachdenklich, als er sechs Jahre alt war. Erstaunt fragte ich: „Wie meinst du das?" Er schien zu überlegen. „Meinst du, wie eine Geschichte?" „Ja", stimmte er zu, „bei einer Geschichte ist das so, und auch bei den Menschen. Am Anfang werden sie geboren, und am Ende sterben sie." Er seufzte. Neugierig, was ihm nach den Menschen wohl das Wichtigste wäre, forschte ich weiter. „Was noch?" „Autos!" Das war die typische Antwort eines modernen Sechsjährigen. „Sie kommen neu aus der Fabrik, und am Ende sind sie ein Wrack", fuhr er fort. Dann wurde er übermütig. „Und Äpfel! Erst sind sie frisch, aber wenn man sie vergißt, sind sie *verfault.*" Das letzte Wort betonte er so, als wolle er keinen Zweifel darüber lassen, daß es ein stärkeres Wort nicht gäbe. Es war endgültig und klang lustig; Noel lachte und wiederholte es mit Genuß, während ich das Gehörte niederschrieb:

Alles hat einen Anfang und ein Ende.

Bei Geschichten ist das so, und auch bei den Menschen:
Am Anfang werden sie geboren, am Ende sterben sie.

Und mit Autos ist das so:
Sie kommen neu aus der Fabrik, und am Ende sind sie ein Wrack.

Und bei Äpfeln ist das so:
Erst sind sie frisch, aber wenn man sie vergißt, sind sie *verfault.*

Gespräche, Spiele und andere Beschäftigungen kleiner Kinder spiegeln des öfteren Gedanken und Wahrnehmungen, richtige und falsche Vorstellungen in bezug auf den Tod wider. Über das kindliche Verständnis des Phänomens ‚Tod' und die entsprechenden Reaktionen unter Berücksichtigung der verschiedenen Alters- und Entwicklungsstufen liegen in den USA umfangreiche Studien von Sozialwissenschaftlern vor.[35] Zweifellos werden in der nächsten Zeit weitere Veröffentlichungen folgen.

Wie wir in den vorhergehenden Kapiteln gesehen haben, kann jeder, der mit Kindern zu tun hat, in Erfahrung bringen, was Kinder über den Tod wissen, denken und sagen, sei es, daß er zufällig Zeuge ihrer Unterhaltung wird, eine sich bietende Gelegenheit wie den Tod eines Tieres nutzt oder diese durch eine geeignete Geschichte herbeiführt.

Bevor Kinder alt genug sind, den Begriff zu erfassen oder irgendeine Vorstellung vom Tod haben (also mit etwa zwei Jahren), verstehen sie doch schon die Bedeutung von *hier* und *nicht hier,* von *haben* und *verlieren,* von *festhalten* und *fallen lassen,* von *kommen* und *weggehen.* Zu den ersten Redewendungen, die ein Kind benutzt, gehören, wie Eltern wissen, *alle-alle* (= weg, leer, nichts mehr da), *keins mehr* und natürlich die verschiedenen Ausdrücke beim Abschiednehmen. Dies ist der Anfang der kindlichen Erfahrung mit der Veränderung einer Situation und dem Sich-Trennen von Dingen und Personen. Das Universalspiel *Verstecken* – auch das ist allen Eltern bekannt –, welches kleine Kinder immer aufs neue entzückt, ist gewissermaßen ein erstes Üben von Verschwinden und Wiedererscheinen.[36] Zugedeckt sein und weder gesehen werden noch selber sehen können, das Gefühl, nicht zu existieren, ist ein atemberaubendes Erlebnis.

Aus den Studien geht hervor, daß man von Kindern bis zu etwa acht Jahren nicht erwarten kann, daß sie den Tod wirklich begreifen. Die Frage von Roger: „Wer hat den Frosch totgemacht?" (Kapitel 4) ist charakteristisch für das Denken eines Dreijährigen, daß nämlich der Tod von außen komme.

Auch der Rat der Kinder, der toten Maus Futter und Wasser zu geben (Kapitel 4), entspricht ihrer altersgemäßen Vorstellung, der Tod sei rückgängig zu machen.

Susan Isaacs[37] führt mehrere Beispiele von Kindern an, die versuchen, tote Tiere ins Leben zurückzurufen, indem sie sie ins Wasser legen.

Piaget fand heraus, daß Kinder verschiedene Stadien der Unterscheidung von „tot" und „lebendig" durchlaufen.[38] Auf einer frühen Stufe betrachtet ein Kind alles, was sich bewegt, Gegenstände eingeschlossen, als lebendig; was sich nicht bewegt, ist tot. Unbeweglichkeit ist für Kinder im Vorschulalter auch das wichtigste Kriterium für *Tot-sein* im Spiel. Später sieht ein Kind als lebendig an, was sich aus eigener Kraft bewegt, also nicht mit Hilfe eines anderen oder einer Vorrichtung.

Unverständlich erscheinen ihm auf dieser Stufe Ausdrücke wie *sich den Tod holen, die Leitung ist vorübergehend tot, ein toter Schacht, ein totes Rennen, ein lebendiger Aufsatz* u. ä., die in den Sprachschatz der Erwachsenen Eingang gefunden haben. Umgekehrt wird es – mit meist schwerer wiegenden Folgen – verunsichert auch durch die verschiedenen Umschreibungen für die Wörter *sterben* und *Tod,* worauf in Kapitel 5 bereits hingewiesen wurde.

Verwirrung stiften nach Meinung von Sylvia Anthony[39] auch mechanische Spielzeuge, die Leben vortäuschen, wie Puppen, die die Augen schließen, gehen und die Windeln nässen; Bären, die auf einen Knopfdruck hin brummen, und Tiere, die sich mit Hilfe einer aufgezogenen Feder im Kreis drehen, die Trommel schlagen, und dergleichen. Anders verhält es sich natürlich, wenn ein Kind ein Holzpferd, eine einfache Puppe (ohne verborgenen Mechanismus), die Kühe seines Bauernhofes oder einen Stock durch seine *Vorstellungskraft* zum Leben erweckt, wie es diesem Alter entspricht. Daß dann eines Tages der schmerzliche Augenblick kommt, wo das Kind erkennt, daß seine Puppe oder sein Stofftier nie wirklich lebendig waren, sei hier am Rande vermerkt.

Beunruhigt wird das Kind durch das Fortgehen eines Angehörigen, vor allem der Mutter; denn es hat noch keinen oder doch nur einen sehr vagen Zeitbegriff. Daher greifen viele Eltern, wenn das Kind allein oder in der Obhut eines Babysitters zurückbleiben muß, zu Ausreden oder zu einer List, um dem verzweifelten Betteln und Sich-Anklammern zu entkommen. Das Verhalten des Kindes erklärt sich aus seiner Angst, die Trennung könne endgültig sein. Es kann im Gegensatz zum Erwachsenen nicht vernünftig auf eine Zeitangabe reagieren; denn eine Stunde, eine Woche, ein Monat, für ein Kind bedeutet alles das gleiche: Mutter (oder Vater) ist nicht da. Manchmal wird das Fortgehen als Im-Stich-Lassen empfunden und ruft außer Furcht auch Zorn hervor; läßt die Rückkehr allzu lange auf sich warten, befürchtet das Kind unter Umständen sogar, die Eltern seien tot.

Als der Vater der fünfjährigen Natasha nach mehr als einjähriger Abwesenheit aus dem Krieg heimkam, wollte sie ihn nicht „Papa" nennen. Ihr Papa war *fort.* Dieser Mann war ein Fremder, der nun dessen Stelle einnahm. Und obwohl sie ihn bald ins Herz schloß und eine sehr enge Bindung an ihn hatte, konnte sie sich jahrelang nicht zu der Anrede „Papa" entschließen.

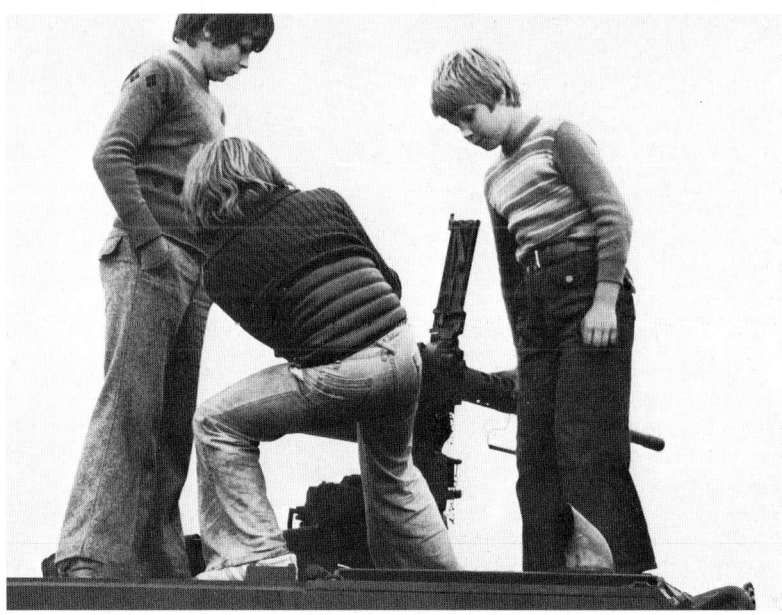

Gefährliche Faszination

Ähnlich erging es der sechsjährigen Alice, deren Vater sich auf unabsehbare Zeit in einem Krankenhaus befand und keine Verbindung zu seiner Familie unterhalten konnte. Sie wußte zwar, daß ihr Vater am Leben war, erzählte aber den Leuten beharrlich, er sei tot.

In den vielen Jahren meiner Arbeit habe ich erkannt, wie gravierend für Kinder eine Trennung sein kann und wie sehr sie sie irritiert. Darum habe ich mich immer nach konkreten Möglichkeiten umgesehen, dem abzuhelfen. Wenn ein Kind sich im Kindergarten schwer eingewöhnte, schlug ich vor, es solle sich etwas aus der Handtasche seiner Mutter aussuchen, das es, gleichsam als Pfand, bis zu deren Wiedererscheinen bei sich behalten könne; oder es wurde ein Telefonanruf vereinbart. Auch versuchte ich zu erreichen, daß das Versprechen der Eltern eingehalten wurde, das Kind zu einer ganz bestimmten Zeit abzuholen; wobei diese nicht auf der Uhr, sondern bezogen auf die Routine des Tagesablaufes festgesetzt wurde: nach dem Mittagessen, nach dem Aufräumen, nach dem Spaziergang, wenn der Bus da ist etc.

Auch in Kinderheimen und Ferienlagern habe ich bei Kindern, die unter der Trennung besonders litten, zu einer engen Verbindung mit den Eltern geraten, obwohl auf den ersten Blick manches dagegenspricht. Dabei ist nicht an aufwendige, kostspielige Dinge gedacht, wichtig ist vielmehr die regelmäßige und nicht zu seltene Bestätigung, daß die Eltern noch da sind und an das Kind denken.

Ich erinnere mich an Linda, die von ihrem Vater zu ihrem siebten Geburtstag ein riesiges Paket erhielt, wunderschön anzuschauen; jedes Teil war sorgfältig eingewickelt und mit einem bunten Band geschmückt. Linda spielte lange mit diesen Bändern, bevor sie sich ans Auspacken der Geschenke machte, die sie wohl überwältigten, für sie aber nicht die Liebe ihres Vaters repräsentierten, den sie monatelang nicht gesehen hatte.

Die Erfahrung des Sich-Trennens von Gegenständen, an denen man hängt, und dem zeitweiligen Getrenntsein von Familie und Freunden vermittelt dem heranwachsenden Kind den Begriff der Abhängigkeit bzw. der Unabhängigkeit. Hat es das Glück, während dieser Zeit jemanden zu finden, der ihm die Fehlenden wenigstens teilweise ersetzt, kann es den Verlust leichter ertragen und lernt es, neuen Bindungen zu vertrauen. Dieser Vorgang ist für seinen Reifungsprozeß und als Vorbereitung für ein endgültiges Abschiednehmen von Menschen, die ihm nahestehen, sehr wesentlich.

Ein anderes Gebiet, das auch schon zum Erfahrungsbereich der Kinder gehört, ist das Erkennen von Todesursachen und Möglichkeiten der Vorbeugung. Eine der ersten Fragen, die die Kinder stellten, als sie hörten, Rahel sei gestorben (Kapitel 2), bezog sich darauf. Obwohl sie natürlich wissenschaftlichen Erläuterungen noch nicht folgen können, sind modernen Kindern Abwehrmaßnahmen gegen gefährliche Krankheiten geläufig; und fast alle haben persönliche Erfahrungen mit dem Impfen. Die meisten Eltern und Erzieher werden die Kinder bei dieser Gelegenheit darüber aufklären, daß es zu ihrem Schutz geschieht und daß der Impfstoff dem Krankwerden vorbeugt, indem er die Erreger unschädlich macht. Das verstehen Kinder und fühlen sich durch die Versicherung, nun vor bestimmten Krankheiten geschützt zu sein, sehr beruhigt.

Da Unfälle vor allem bei Kindern eine der hauptsächlichsten Todesursachen sind, kommt der Verkehrserziehung eine große Bedeutung zu. Zwar sind Kinder heutzutage schon früh vertraut mit Autos, Verkehrsregeln, Verkehrszeichen und Sicherheitsvorkehrungen und bemerken schon mit etwa drei Jahren eine falsche Fahrweise und Verstöße gegen die Vorschriften, doch bedarf es einer ständigen Überprüfung ihres Verhaltens auf der Straße und Einübung der wichtigsten Regeln in der Praxis sowie des Vorbildes und der Einsicht der Erwachsenen, um eine Senkung der erschreckenden Unfallziffern zu erreichen. Da Kinder, wie jeder weiß, spontan reagieren und allen Bemühungen zum Trotz ohne zu überlegen auf die Fahrbahn laufen, um ihren Ball zurückzuholen oder etwas zu ergründen, was ihre Aufmerksamkeit fesselt, werden immer wieder Kinder unter den Verkehrsopfern sein, deren Tod niemand hätte verhindern können. Wir können uns daher nur vornehmen, unsere Anstrengungen zu vergrößern, um die Kinder besser zu schützen. Das gilt auch in bezug auf andere Unfälle, und wir sollten uns immer wieder fragen, ob wir genug getan haben, um den Gefahren, die das Leben der Kinder bedrohen, wirksam entgegenzutreten.

Daß umgekehrt manchmal auch Kinder Einfluß nehmen auf die Erwachsenen, wenn es um die Erhaltung der Gesundheit geht, zeigt das Beispiel des vierjährigen Wayne, der aus dem Fernsehen wußte, daß Rauchen schädlich ist und eine so schlimme Krankheit wie Krebs hervorrufen kann. Er bestand darauf, daß seine Mutter das Rauchen aufgeben solle. Diese nahm ihn zuerst nicht ernst; als jedoch sein vehementer Protest anhielt, unterließ sie es wenigstens in seiner Gegenwart. Doch er kam ihr auf die Schliche und erreichte schließlich sein Ziel mit dem

Ein schwerer Verkehrsunfall

Argument, er wolle, daß sie am Leben bleibe. Wayne handelte gefühlsmäßig, doch beruhte seine Furcht, auch wenn sie nicht unmittelbar
begründet war, auf einer durchaus realistischen Einschätzung dessen,
was er gehört und trotz seines jungen Alters richtig erfaßt und verarbeitet
hatte. Wie wir gesehen haben, ist das auf dieser Stufe noch selten; nicht
nur die Angst, die Eltern könnten sterben, sondern die Beziehung zum
Tod überhaupt ist gekennzeichnet durch ein langsames und schrittwei-
ses Herantasten an die Wirklichkeit.

Vielleicht ist es ein Zufall, daß Wayne seine Information durch das
Fernsehen bezog. Daß dieses Medium in die kindliche Vorstellungswelt
eingreift und ihr Denken und Fühlen beherrscht wie kein anderes, wird
niemand bestreiten. Aber erst in neuester Zeit hat man begonnen, sich
über die Konsequenzen ernsthaft Gedanken zu machen; daher liegen
noch relativ wenig Forschungsergebnisse vor. Bis diese sich auf die Pro-
grammgestaltung einerseits und die Fernsehgewohnheiten der Kinder
andererseits ausgewirkt haben werden, sind sie täglich einer Fülle von

Eindrücken ausgesetzt, die praktisch allen Lebensbereichen entstammen, das Sterben eingeschlossen.

Die Zahlenangaben darüber, wieviele Tote die Kinder der verschiedenen Altersstufen im Durchschnitt pro Woche und pro Jahr auf dem Bildschirm zu sehen bekommen, wieviele Morde sie mit Spannung, Entsetzen oder auch gleichgültig verfolgen, weichen voneinander ab. In keinem Fall sind sie niedrig und in jedem Fall alarmierend, denn es gilt inzwischen als erwiesen, daß nur wenige Kinder Gelegenheit haben, anschließend mit einem Erwachsenen über das Gesehene zu sprechen und damit eine Chance haben, es wirklich zu verarbeiten. Umfragen haben ergeben, daß zumindest der größte Teil der Erzieher sich dieser Problematik bewußt und auch gewillt ist, durch Gespräche mit den Kindern möglichen Schaden abzuwenden. Wie notwendig das sein kann und wie unterschiedlich die einzelnen reagieren, zeigen die folgenden Beiträge.

Karin, sechs Jahre alt, durfte am Sonntagnachmittag zusammen mit ihren Eltern, ihrer Großmutter und einem Besucher einen „Western" ansehen, nachdem die Erwachsenen sich zuvor darüber verständigt hatten. Da Karin ein sensibles Kind war, hatte die Mutter Bedenken geäußert, während die Großmutter der Ansicht war, die Erlaubnis sollte grundsätzlich auf das Kinderprogramm beschränkt bleiben. – Als bei der wilden Verfolgungsjagd der Schurke mit seinem Pferd in den Abgrund stürzt und beide umkommen, gerät Karin wegen des Tieres (von dem Mann nimmt sie gar keine Notiz) in schreckliche Aufregung und beruhigt sich erst, als man ihr auf ihre beschwörenden Fragen wiederholt und von allen Seiten versichert, das Pferd sei ja nicht wirklich tot, da es sich um einen Film handele, wo nur so getan würde, als ob. Der Vater und der Gast versuchen ihr dann noch zu erklären, wie solche Szenen gedreht werden. Endlich scheint sie überzeugt, ist aber für den Rest des Tages sehr still, möchte kein Abendbrot essen und liegt noch stundenlang wach. Trotz ihrer sehr engen Beziehung zu den Eltern zweifelt sie die erhaltene Auskunft an, bis ihrer Mutter das erlösende Argument einfällt: das Pferd, das sehr bekannt sei, spiele in vielen Filmen mit und werde bestimmt bald wieder auf dem Bildschirm zu sehen sein; natürlich dürfe sie es dann anschauen. Karin ist zufrieden und schläft sofort ein. Später ist von dem Pferd nie mehr die Rede gewesen.

Nach einem ähnlichen Film wird die Erzieherin am Morgen darauf Zeuge einer lebhaften Unterhaltung zwischen zwei Fünfjährigen.

Offenbar waren sowohl der Verfolgte wie auch der Verfolger mit ihren Pferden in eine Schlucht gestürzt und von dem tosenden Wildwasser fortgerissen worden.

Dieter
(wie Torsten am Boden mit Bauklötzen beschäftigt): „Der Räuber, der die Bank überfallen hat, mit dem ganzen Geld, der ist ertrunken. Sein Pferd auch."

Torsten:
„Der andere auch."

Dieter:
„Der nicht, nur der Räuber."

Torsten:
„Der andere auch. Hat mein Bruder auch gesagt."

Dieter:
„Der andere nicht. Kann er ja gar nicht."

Torsten:
„Wieso nicht?"

Dieter:
„Weil der Räuber böse ist und sein Pferd auch, und die sind tot und da freu' ich mich. Und der andere Mann ist *nicht* böse und sein Pferd auch nicht, und darum sind die nicht tot."

Torsten:
„Doch! Sie sind alle tot. Peng, peng, peng, peng, peng, peng..."
Er steht auf und imitiert mit einem imaginären Gewehr die Gebärde des Schießens, indem er nacheinander auf seine Spielkameraden anlegt und sich in einen wahren Rausch hineinsteigert: „Peng, peng, peng..."
Dann greift die Erzieherin ein.

Der siebenjährige Wolf hat sich im Fernsehen, obwohl es ihm verboten ist, heimlich einen Film angesehen, in dem ein Junge gleichen Namens mit hohem Fieber im Bett liegt. Wolf bildet sich ein, der Junge müsse sterben. Noch bevor der Film zu Ende ist, hört er die Mutter von der Arbeit heimkommen; er schaltet schnell den Apparat aus und schlüpft unbemerkt in sein Zimmer, wo er vorsichtshalber seine Schulbücher ausbreitet. Als die Mutter ihn fragt, ob er ferngesehen habe, sagt er nein,

Beerdigung eines Mönches

obwohl er ziemlich sicher ist, daß sie ihn durchschaut. Das ist auch so, aber sie ist überlastet und durch häusliche Sorgen so in Anspruch genommen, daß sie eine Aussprache, die, wie sie deutlich spürt, notwendig wäre, immer wieder hinausschiebt. Erst als Wolf krank wird, erkennt sie, daß sie sich in der letzten Zeit zu wenig um ihn gekümmert hat. Der Junge, der sich mit dem Namensvetter des Films identifiziert, meint, er müsse sterben, zur Strafe für die Mißachtung des Fernsehverbots. Glücklicherweise vertraut er sich dem Arzt auf dessen Befragen hin an, und dieser kann ihn beruhigen. Dem Arzt fällt hier die wichtige Rolle des Freundes und des Mittlers zwischen Mutter und Kind zu. Weil er die Familie kennt und das nötige Einfühlungsvermögen besitzt, kann er sie erfüllen. Es liegt auf der Hand, daß in diesem Beispiel die Fernsehsendung nur *ein* Faktor unter anderen war, die den Jungen in die bedrohliche Lage brachten, doch löste sie die Krise aus, und wie in den beiden vorhergehenden müssen wir uns fragen, was geschieht, wenn wir die Kinder mit ihren Nöten allein lassen.

Etwas ältere Kinder beginnen sich für Sitten und Gebräuche in anderen Ländern zu interessieren, und hier erweist sich das Fernsehen als ausgezeichnete und unvergleichliche Informationsquelle. Auch bei solchen Sendungen ist es ein großer Gewinn, wenn die Eltern oder Erzieher sie zusammen mit den Kindern anschauen und sich später mit ihnen darüber unterhalten. Bezogen auf unser Thema bedeutet das, daß wir ihnen auf diese Weise einen weiteren Zugang zur Welt öffnen und sie die schwierigen Fragen, auf die sie Antwort suchen, in einen neuen, größeren Zusammenhang gestellt sehen. Das ist natürlich ein langsamer Prozeß und scheint dem Verständnis der Jüngeren zunächst noch entzogen; doch setzen gerade sie uns in dieser Beziehung oft in Erstaunen. Ausgehend von den Erfahrungen des Kindes in der Nachbarschaft, in der engeren und weiteren Umgebung, im Heimatort, vielleicht anläßlich einer Reise auch in einem anderen Teil des Landes kann man ihnen erklären, daß andere Völker – eventuell auch andere Religionsgemeinschaften – andere Bräuche bei der Totenbestattung haben als wir. Das Gespräch wird sehr schnell deutlich machen, wieviel und was von dem, was sie gesehen haben, ihre Beachtung findet, und nur das werden wir aufgreifen; denn es ist sinnlos, etwas von außen an sie heranzutragen, das sie noch gar nicht aufnehmen können oder wollen. Sobald sie sich dagegen aufgeschlossen und neugierig zeigen, können wir auch Bücher heranziehen und die Bilder mit ihnen betrachten, die den großen Vorteil

„Ist Jesus tot?"

haben, nicht „wegzulaufen", so daß das Kind sie immer wieder anschauen, sich hineinvertiefen, Einzelheiten erkennen und darauf zurückkommen kann. Da die Auswahl von den Gegebenheiten abhängt, sollen hier stellvertretend nur drei Beispiele aus unserer Praxis angeführt werden, die sich aus im Fernsehen gezeigten Beiträgen herleiten: „Totenbräuche in Mexico", „Totenbräuche im Vorderen Orient und in Indien", „Die Totenfeier im Jüdischen Glauben". In jedem Fall brachte die Sendung interessante Aspekte, bot reichlich Stoff für Gespräche und erwies sich als eine Bereicherung für die Kinder und für die Erwachsenen; für diese sogar in doppelter Hinsicht, einmal durch den Zuwachs an Information und zum anderen dadurch, daß die Unterhaltung mit den Kindern ihnen neue und zum Teil überraschende Einblicke in ihre Denkweise und ihre Vorstellungen gewährte.

Obwohl es Kindern nicht immer leicht fällt, ihren Empfindungen und Gedanken Ausdruck zu verleihen, gelingt ihnen dies oft in einer Form, die in ihrer Kürze und Schlichtheit alles Wesentliche zusammenfaßt. Darum wollen wir als letztes Beispiel den Brief eines Neunjährigen an seine Großmutter zitieren:

„Liebe Großmama,
meine Eidechse ist an einer Erkältung gestorben. Sie sah wie ein kleiner grüner Edelstein aus, als sie starb. Sie ist gestorben, weil die Heizung zu niedrig eingestellt war.

Viele Grüße   Danny."

Wenn wir mit Kindern leben, werden wir immer wieder auf die Grundfragen des Daseins stoßen, wozu auch der Tod gehört. Und was immer wir den Kindern darüber sagen, aufgrund unserer persönlichen Überzeugung, unseres Glaubens, unserer Tradition: es sollte ehrlich sein; denn nur so helfen wir ihnen, den Tod zu akzeptieren und als Teil des Lebens zu begreifen.

8.
Anmerkungen

1. *A. Gesell:* Das Kind von 5–10. Bad Nauheim o. J.
2. *Manfred Becker-Huberti:* ,Tod', was ist das eigentlich? In: Leben und Erziehen, Heft 11/1978, S. 14 f.
3. Der medizinische Name dieser seltenen, plötzlich auftretenden Krankheit ist „asphyxiation pneumonia".
4. Die Eltern hatten jederzeit ohne Anmeldung Zutritt.
5. *Evelyn Beyer:* „Language Learning – Fresh, Vivid and Their Own", Childhood Education, October 1971, p. 21.
6. *Ebenda,* S. 22
7. *Judith Viorst:* „The Tenth Good Thing about Barney", (New York: Atheneum 1971).
8. *Elisabeth Kübler-Ross:* „On Death and Dying", (New York: MacMillan Co., 1976).
9. *Margaret Wise-Brown:* „The Dead Bird", (Reading, Mass.: Addison-Wesley, 1958).
10. *Miska Miles:* „Annie and the Old One", (Boston: Little Brown, 1971).
11. *A. A. Milne:* „Forgiven" in „Now We Are Six", (New York: E. P. Dutton, 1945).
12. *Carol Carrick:* „The Accident", (New York: Seabury Press, 1976).
13. *Margaret Mead:* „They Learn from Living Things", Parents' Magazine, February 1961, p. 84.
14. *Dorothy H. Cohen and Marguerita Rudolph:* „Kindergarten and Early Schooling", (Englewood Cliffs, N. J.: Prentice-Hall, 1977), pp. 192–193.
15. *Marguerita Rudolph:* „Living and Learning in Nursery School", (New York: Harper Bros., 1954), pp. 112–114.
16. *Marguerita Rudolph:* „From Hand to Head", (New York: Schocken Books, 1977), pp. 27–28.
17. *Susan Isaacs:* „Intellectual Growth in Young Children", (New York: Schocken Books, 1966).

18. *Alvin Tresselt:* „The Dead Tree", (New York: Parents Press, 1972).
19. *Virginia Lee:* „The Magic Moth", (New York: Seabury Press, 1972).
20. *Ilse-Margret Vogel:* „My Twin Sister Erika", (New York: Harper & Row, 1976).
21. *Eda LeShan:* „Learning to Say Good-bye", (New York: MacMillan Co., 1976).
22. *Mary McCarthy:* „Memories of a Catholic Girlhood", (New York: Harcourt, Brace & Co., 1957).
23. *Ebenda,* S. 38.
24. *James Agee:* „A Death in the Family", in: ‚A Reader for Parents', selected by the Child Study Association (New York: W. W. Norton, 1963), p. 440.
25. *Eda LeShan:* „Learning to Say Good-bye", pp. 14–16.
26. *Pearl S. Buck:* „The Big Wave", (New York: John Day, 1978).
27. *Mark Jury and Dan Jury:* „Gramp", (New York: Grossman, 1976).
28. *Ebenda,* S. 151–152.
29. *Kornei Chukovsky:* „From Two to Five", trans. Miriam Morton, (Berkeley: University of California Press, 1963), p. 46.
30. *Ebenda,* S. 50.
31. *Sylvia Anthony:* „The Discovery of Death in Childhood and After", (Middlesex, Eng.: Penguin Books, 1973) p. 163.
32. *Dixie R. Crase and Darrel Crase:* „Helping Children Understand Death", Young Children, November 1976.
33. *Daniel Goleman:* „We Are Breaking the Silence about Death", Psychology Today, September 1976.
34. *Kornei Chukovsky:* „From Two to Five", p. 2.
35. *Isaacs:* „Intellectual Growth in Young Children";
    Anthony: „The Discovery of Death in Childhood and After";
    Marjorie Editha Mitchell: „The Child's Attitude to Death", (New York: Schocken Books, 1967). *Ann Watt:* „Helping Children to Mourn", (New York: Bank Street College of Education, 1971); *Marjorie Morrow:* „Death in Children's Literature", (New York: Bank Street College of Education, 1975).
36. *Dixie R. Crase and Darell Crase:* „Helping Children to Understand Death".
37. *Susan Isaacs:* „Intellectual Growth in Young Children", p. 182.
38. *Anthony:* „The Discovery of Death in Childhood and After", p. 57.
39. *Ebenda,* S. 59.

9.
Literaturverzeichnis

Amerikanische Literatur

Ames, Louise Bates. „Death: Ways to Help Children Get Perspective", The Instructor, January 1969.

Becker, Earnest. The Denial of Death. New York: The Free Press, 1973. A psychological study considering the protection of denial, and the need for recognition of death and sorrow.

Campbell, Barbara. The New York Times, December 17, 1976.

Coburn, John B. Anne and the Sand Dobbies: A Story about Death for Children and Their Parents (New York: Seabury Press, 1964).

De Bruyn, M. G. The Beaver Who Wouldn't Die. Chicago: Follett Publishing Company, 1975. Children's book. When his wish to live forever comes true, is the beaver happy? Well, not exactly.

Fassler, Joan. My Grandpa Died Today (New York: Behavioral Publications, 1971).

Fischer, Muriel. „Dealing with Death in the Family", The New York Times Magazine, March 13, 1977, p. 82.

Galen, Harlene. „A Matter of Life and Death." Young Children, August 1972. Practical and insightful guidance for preschool teachers about the subject of death and its use as a vital area of Curriculum. Good „References."

Goleman, Daniel. „The Child Will Always Be There: Real Love Doesn't Die." Psychology Today, September 1976. An interview with psychiatrist Elisabeth Kübler-Ross about „the sudden death of children, the anguish of parents, and how the dying teach us to live."

Gordon, Audrey. „The Psychological Wisdom of the Law", in Jack Riemer, ed., Jewish Reflections on Death (New York: Schocken Books, 1974), p. 97.

Gordon, David Cole. Overcoming the Fear of Death. New York: Macmillan Publishing Co., 1970. A study of the fears and anxieties pertaining to death, and related loss of self.

Kantrowitz, Mildred. When Violet Died (New York: Parents Press, 1973).

Kastenbaum, Robert. „We Covered Death Today." Death Education, Spring 1977. A broad critique of social trends and the nature of death education programs and practices.

Kolls, Mardel. „Reflection on My Children Experiencing Death." Death Education, Summer 1977. Confrontations with death on different occasions and on children's own level; the benefits of direct experience and of sharing feelings.

Koocher, Gerald P. „Why Isn't the Gerbil Moving Any More?" Children Today, January 1975. When children's questions concerning death go unanswered, or even unasked, mental health problems occur. Helpful suggestions to parents and teachers.

Langdone, John. Death Is a Noun. 4th printing. Boston: Little, Brown & Company, 1972. Lively presentation with a historical perspective of psychological, legal, religious, moral, and other aspects of death, including discussion of euthanasia and capital punishment.

McDonald, Marjorie. „Helping Children to Understand Death: An Experience with Death in a Nursery School." Journal of Nursery Education, November 1963. The author, a psychiatrist, explains how teachers and parents in one school helped children face the death of Wendy's mother–the facts, and their own feelings.

Meathenia, Peggy Sue. „An Experience with Fear in the Lives of Children". Childhood Education, November 1971. A kindergarten teacher utilizes the dramatization of stories to help children express their fear and overcome the trauma of a devastating, death-causing tornado in their area (Lubbock, Texas).

Moody, Raymond A. Life after Life. Paperback. New York: Bantam Books, Inc., 1975. A strange but medically valid account of firsthand experiences during and following clinical death of a few minutes duration.

Mukerji, Rose. „When Words Fail", Childhood Education, April 1970.

Parness, Estelle. „Effects of Experiences with Loss and Death among Preschool Children." Children Today. November-December 1975. Concise and clear account of children's stressful behavior caused by loss or significant separation; teachers' and parents' helpful attitudes and actions.

Peck, Robert Newton. A Day No Pigs Would Die, Paperback. New York: Dell Publishing Co., 1974. An acclaimed short novel about a Shaker familiy in Vermont. Portrays the strength of a father's influence on a boy, and the boy's deep struggle to accept death's inevitability and consequences.

Rudolph, Marguerita. „Identification through Finding a Hero", Childhood Education, May 1949.

Self, Margaret C. Come Away! Cranbury, N. J.: A. S. Barnes & Co., Inc., 1948. An absorbing realistic novel (out of print) about a strong, highly imaginative child; his successful caring for a deep devotion to a horse; and his profound experience of losing the horse.

Sharapan, Hedda. „Mister Roger's Neighborhood: Dealing with Death on a Children's Television Series." Death Education, Spring 1977. A psychological review of a TV program's content and its beneficial effect on children and parents.

Skorpen, Liesel Moak. Old Arthur. New York: Harper & Row, Publishers, Inc., 1972. A children's book about an old dog who requires special care and love, and is getting both from a child.

Wass, Hannelore und Shaak, Judith. „Helping Children Understand Death through Literature", Childhood Education, November-December 1976.

West, Jessamyn. The Woman Said Yes. New York: Harcourt Brace Jovanovich, Inc., 1976. An autobiographical narrative involving three related women, each possessing a powerfully assertive spirit and a will to make life worthwhile; includes a positive decision to terminate life when it is reduced to mere pain.

Whitney, Esstoya. „Grandma – She Died", Childhood Education, November-December 1976.

Wolf, Anna W. M., ed. Helping Your Child to Understand Death. Child Study Association of America, 1958. A comprehensive, down-to-earth booklet, answering actual parents' questions on facing death situations with children.

Wolfenstein, Martha und Kliman, Gilbert, eds. Children and the Death of a President (Garden City. New York: Doubleday Anchor, 1966).

Zim, Herbert S. und Blecker, Sonia. Life and Death (New York: William R. Morrow, 1970).

Zolotow, Charlotte. My Grandson Lew (New York: Harper & Row, 1974).

Deutsche Literatur

Für Erwachsene

Becker-Huberti, Manfred: Tod – was ist das eigentlich? In: Leben und Erziehen, Heft 11/1978.

Bundesvereinigung Evangelischer Kindertagesstätten e. V.: Wenn Kinder nach dem Tod fragen. Elternbrief Nr. 13/1976. Stuttgart, Reinsburgstr. 50.

Choron, Jaques: Der Tod im abendländischen Denken. Stuttgart 1967. Umfassende Darstellung der Geistes- und Philosophiegeschichte zum Todesproblem von den Vorsokratikern bis zur Gegenwart.

Deutsches Jugendinstitut: Didaktische Einheit Tod. München 1976. Erprobungsfassung.

Elternforum. Mit Kindern über den Tod reden? In: Spielen und Lernen. Interviews. Seelze 1977, Heft 4, S. 26–31.

Furman, Erna: Ein Kind verwaist. Stuttgart 1977. Psychoanalytisch orientierte Darstellung von Trauer und Verlustreaktionen bei Kindern.

Gesell, Arnold: Das Kind von 5 – 10. Bad Nauheim. o. J.

Glitz, Sigrid u. a.: Materialien: Der Kindergarten im Altersheim. In: Welt des Kindes, Heft 5/1977.

Graber, Georg: Zeugung, Geburt und Tod. München o. J. Psychoanalytische Betrachtungen zur Mythenbildung und Vorstellungswelt der Kinder.

Grom, Bernhard: Kind und Tod. Grundlinien für die allgemeine und religiöse Unterweisung. In: Welt des Kindes.

Keleman, Stanley: Lebe dein Sterben. Hamburg 1977. Sterbenlernen als lebenslanger Prozeß dargestellt auf der Grundlage bioenergetischer Studien.

Klink, Johanna: Kind und Leben. Düsseldorf 1972. Theologisch orientierte Abhandlung zum Verhältnis Leben–Tod bei Kindern mit vielen anschaulichen Beispielen.

Kübler-Ross, Elisabeth: Reif werden zum Tode. Stuttgart 1976. Eine Zusammenstellung von Texten über den Tod und das Sterben – auch in anderen Kulturen – als sinngebende Quelle eines erfüllten Lebens.

Kübler-Ross, Elisabeth: Interviews mit Sterbenden. Berlin 1971. Darstellung der „Phasen" des Sterbens bei Krebs-Patienten.

Merz-Widmer, V.: Sterben und Auferstehen. Unterrichtsbeispiele für die 1. Klasse. Olten 1974.

Moody, Raymond A.: Nachdenken über das Leben nach dem Tod. Reinbek 1978.

Müller-Christiansen, Konrad: Jeder Versuch ist ein Schrei um Hilfe. Was Kinder zum Selbstmord treiben kann. In: Frankfurter Rundschau, Frankfurt 29. 7. 1978, Nr. 163.

Neulinger, Klaus Ulrich: Schweigt die Schule den Tod tot? München 1975.
Darstellung der notwendigen Sterbeerziehung in der Schule; Grundlage eigene Untersuchung der Todesbilder von Kindern.

Nordhoff, Inge: Bleibt Menschlichkeit auf der Strecke?
Wie ein Psychologe sterbenskranke Kinder betreut. In: Frankfurter Rundschau, Frankfurt 12. 11. 1977, Nr. 264.

Nordhoff, Inge: Wir gehen auf den Friedhof. In: Spielen und Lernen.
Projektvorschlag für den Kindergarten. Seelze 1978, Heft 3, S. 84–86.

Pincus, Lily: ... bis daß der Tod euch scheidet. Stuttgart 1977.
Zur Psychologie des Trauerns. Alltagssituationen aus dem Zusammenleben in Ehe und Familie. Viele praktische Beispiele, Hinweise, Interaktionen.

Piper, Hans Ch.: Gespräche mit Sterbenden. Göttingen 1977.

Reed, Elizabeth L.: Kinder fragen nach dem Tod. Stuttgart 1973[2]
Christliche Erziehungshilfe zu den Fragen nach Leben und Tod zur Bewältigung der Trauer.

Stern, Erich: Kind, Krankheit und Tod. München-Basel 1957.
Grundlegendes Werk zur Psychologie der Sterbeerziehung und ihrer Gefahren; Krankheitsgeschehen und Lebenslauf sind eng verbunden; bei affektlabilen Kindern sind Probleme möglich.

Wenn Kinder sterben müssen. In: Welt des Kindes. München 1977, Heft 12, S. 378–381.

Ziegler, Jean: Die Lebenden und der Tod. Darmstadt und Neuwied 1977.

Für Kinder

Becker, Antoinette/Niggemeyer, Elisabeth: Ich will etwas vom Tod wissen. Geschichten vom Tod und vom Leben. Fotobilderbuch. Ravensburg 1979.
27 Geschichten und viele Schwarzweiß-Fotos, die verschiedene

Aspekte des Themas aufgreifen. Kinder lernen verstehen, daß es kein Leben ohne die Wirklichkeit des Todes geben kann. Für Erwachsene und Kinder ab 6 Jahren.

Breen, Else: Warte nicht auf einen Engel. Wien-München 1977.
Durch Zufall erfährt die 15jährige Mia, daß ihre Mutter sehr krank ist und nicht mehr lange leben wird. Sie versucht zunächst, mit diesem Wissen allein fertigzuwerden. Von ihren Freunden fühlt sie sich enttäuscht. Ab 14 Jahren.

Cleaver, Vera und Bill: Spürst du das, Grover? Aarau und Frankfurt/ Main 1971.
Grover lebt in einer amerikanischen Kleinstadt. Er ist allein mit seiner Angst um die kranke Mutter und mit seinem Kummer nach ihrem Tod. Der Vater kann ihm in seiner eigenen Verzweiflung keine Stütze sein. Das Verständnis einer einfachen alten Frau und die Freundschaft seiner Spielkameraden helfen beiden schließlich, sich zurechtzufinden. Ab 12 Jahren.

Cleaver, Vera und Bill: Wo die Lilien blühen. Aarau und Frankfurt/Main 1973[2].
Nach dem Tode des Vaters versucht Mary unter härtesten Bedingungen den Geschwistern das Elternhaus in den Appalachen zu erhalten und ihre Unabhängigkeit zu verteidigen. Ab 14 Jahren.

Danovan, John: Wild ist das Leben. Ravensburg 1978.
Nachdem John als einziger einer großen Bergbauernfamilie übriggeblieben ist, bewirtschaftet er den einsam gelegenen Hof ganz allein. Sein Gefährte ist ein zugelaufener Hund, den er „Sohn" nennt. Aber auch John stirbt. Ab 13 Jahren.

Donelly, Elfie: Servus Opa, sagte ich leise. Hamburg 1977.
Der 10jährige Michael hängt sehr an seinem Großvater, der ihn am besten versteht. Die unheilbare Krankheit des alten Mannes, die mit dem Tod endet, und die damit verbundenen Erlebnisse bedrücken und verwirren den Jungen. Ab 10 Jahren.

Glomnes, Marianne: Gestern sprach ich noch mit seinem Vater. Ravensburg 1979.
Der Vater von Jörgen ist an Krebs erkrankt. Der Junge und seine Spielgefährtin wissen, daß er sterben wird. Nach seinem Tod weichen schließlich Schmerz und Traurigkeit; übrig bleibt die tröstliche Erinnerung an einen geliebten Menschen. Ab 11 Jahren.

Gydal, Monica und Danielsson, Thomas: Oles Großvater stirbt. Reinbek 1974.

Ole ist gern bei seinen Großeltern zu Besuch. Eines Tages aber wird der Großvater ins Krankenhaus gebracht, wo er bald darauf stirbt. In liebevoller, behutsamer Weise sprechen die Eltern mit dem Kind, und gemeinsam überwindet die Familie ihre Trauer. Ab 7 Jahren.

Korschunow, Irina: Die Sache mit Christoph. Köln 1978.

Als Christoph verunglückt, sucht Martin zunächst die Schuld am Tod seines Freundes bei den Menschen seiner Umgebung, bis er allmählich die Zusammenhänge erkennt und Einsichten gewinnt, die ihm helfen, sich und seine Mitmenschen neu zu sehen. Ab 15 Jahren.

Lindgren, Astrid: Die Brüder Löwenherz. Hamburg 1974.

In diesem Buch erzählt die bekannte Autorin in Form eines Märchens die Geschichte vom Kampf zweier Brüder gegen Unrecht und Tod. Ab 9 Jahren.

Stolz, Mary: Jahreswechsel. Baden-Baden 1976.

Bei einem Verkehrsunfall verlieren Orin und sein jüngerer Bruder die Mutter. Das Zusammenleben mit dem Vater erweist sich als sehr schwierig. Dennoch versuchen sie – jeder auf seine Weise – die Situation zu meistern, was ihnen am Ende auch gelingt. Ab 14 Jahren.

Dieses Buch ist ein Teil des Ravensburger Paketangebots

Unser Leben

Bestell-Nr.: 55055-8

Das Paket besteht aus 5 verschiedenen Medien, in denen jeweils eine oder mehrere Situationen des menschlichen Lebens behandelt werden.
Im Mittelpunkt stehen drei der wichtigsten und auch schwierigsten Lebenssituationen: Die Geburt, das Selbständigwerden und das Sterben.

Ziel des Materialangebots ist mitzuhelfen, daß Kinder zwischen 4 und 8 Jahren diese Lebenserfahrungen besser bewältigen können.
Der Erzieher und Lehrer hat die Möglichkeit, sich ausführlich zu informieren und viele praktische Anregungen zu finden.
Für die Kinder enthält das Paket Hörspiele, Lieder, Vorlesegeschichten und ein Bilderbuch.

Das Paket besteht aus:

Christoph Gahl/Linde von Keyserlingk u. a.
Ich bin schon groß

2 Tonkassetten mit Hörspielen und Liedern für Kinder,
1 Taschenbuch für Erzieher, Lehrer und Eltern.
Angesprochen werden die Geburt, das Selbständigwerden und das Sterben.
Bestell-Nr.: 55041-8

Barbara Schwindt
Und was passiert jetzt?

24 Geschichten vom Kleinsein und Größerwerden zum Vorlesen und Erzählen.
Bestell-Nr.: 55054-X

Anke Drygala/Jörg Hoppe/Hans Stapelfeld
herausgegeben von Gerd Iben
Zärtlich sein

Ein „Praxisheft für Erzieher" mit 2 Didaktischen Einheiten, die sich mit der Suche der Kinder nach Zärtlichkeit beschäftigen.
Bestell-Nr.: 60397-X

Grete Fagerström/Gunilla Hansson
Peter, Ida und Minimum

Ein Comicbilderbuch über Zeugung und Geburt.
Bestell-Nr.: 35567-4

Marguerita Rudolph
Wie ist das, wenn man tot ist?

Mit Kindern über das Sterben reden. Ein Fachbuch für Erzieher, Lehrer und Eltern.
Bestell-Nr.: 60433-X

Otto Maier Verlag Ravensburg

Ein weiteres Angebot
aus dem
Otto Maier Verlag
Ravensburg
zum Thema dieses Buches:

Antoinette Becker
Ich will etwas vom Tod wissen
Geschichten vom Tod und vom Leben.

Ein Fotobilderbuch aus der Reihe „Ich und die Welt".
80 Seiten mit schwarzweiß Fotos von *Elisabeth Niggemeyer*.
Pappband. Ab 6 Jahren.
Bestell-Nr.: 33410-3

Kindern und Eltern begegnet in diesem Buch der Tod als ein Teil der
Welt, in der sie leben. Das Vergehen in der Natur, das Verenden von
Tieren und der Tod von Menschen werden von den Kindern verschieden
erfahren. Kleine Kinder können den Tod nicht in seiner Endgültigkeit
wahrhaben. Aber sie stellen Fragen, die ihnen in den vorliegenden
Geschichten verständnisvoll beantwortet werden. Kinder lernen verstehen, daß es kein Leben ohne die Realität des Todes geben kann.